デンソーから学んだ

本当の「なぜなぜ分析」

倉田 義信 [著]

日刊工業新聞社

は じ め に

　製品の高度化、複雑化に加え「スマート工場」の実現に向け高度なファクトリーオートメーションを狙ったIoT（モノのインターネット化）などを積極的に活用する新しいモノづくりを見据え、工場が激変しようとしています。お客様はより高レベルの品質、世界の市場で戦える最適なコストなど、さらなる提案力に期待しており、そのためモノづくりの最前線における問題解決には従来に増してスピード感が求められています。

　著者は、自動車システム製品を世に送り出している㈱デンソーにおいて、自動車の走行安全の根幹となす製品の品質保証を主として工場運営に携わってきました。その中で自動車の高い要求性能を確保するため、高度な品質を保証する上で製品開発から設計、製造、検査、出荷に至るあらゆる面で様々な仕組みを通して「品質第一主義」を貫いたモノづくりの大切さを学びました。1個の不良に徹底的にこだわり、そのカイゼンを通して人を育成していく精神がそこにあり、その取り組みの中で育てられました。

　そして、元祖といわれるトヨタ流「なぜなぜ分析」に出会い、様々な問題解決手段として仲間と共に研究、カイゼンを繰り返し、不具合撲滅に注力してきました。「なぜなぜ分析」は、問題やトラブルに至る根本原因を論理的に問題解決する一つとして、トヨタ生産方式を発祥としたモノづくり企業の再発防止や未然防止活動の分析手法として認知度が高まり、現在ではモノづくりの職場にとどまらず、事務・保全・営業・サービス部門やシステム・医療・製薬・食品・輸送など幅広い分野で活用されるようになってきました。

　しかし、実際に「なぜなぜ分析」を用いたカイゼン活動を見てみると、発生した問題に対し十分な現状把握がされず、経験と勘によるモグラ叩きや対処療法で対応している実態も多く聞かされています。また、セミナー受講者からも職場で「書籍を読んだり先輩から教えてもらったが、分析の進め方が難しくうまく活用できない」といった声も少なくないのも実情です。

　職場では様々な問題に直面し、その解決を通じて組織はますます強く成長し

ていきます。そのような中で複雑な問題を解決に導くためには、リーダーの不断の努力（推進力）と洞察力（推理する力、見抜く力）に加えて、コミュニケーション力（意思疎通）が不可欠となってきます。問題のほとんどは人が関係し、リーダーの日頃の言動は組織の信頼関係づくりに大きく関わってきます。事実をつかんで問題の核心に触れるためには、協力を惜しまない素直な部下との信頼関係が欠かせません。

著者は40年間の長きにわたる品質保証や工場運営などのモノづくりの基幹となる業務に加えて、中小規模の企業に対してモノづくりカイゼンの技術コンサルタントとして深く関わってきました。本書は、遠回りをしない問題解決のための「なぜなぜ分析」について、より使いやすく効果が発揮できるよう以下の点で工夫をこらし、わかりやすい解説を試みています。

① 「なぜなぜ分析」の前段階として問題に発展した因果関係を「時系列事象関連図」を用い図解化することで本質的な課題の発見が容易にできるよう工夫をしました。

② モノづくり環境が変化する中で将来を見据え、加工の自動化やソフトウエア分野など幅広く適合できる「なぜなぜ分析」の実用書として活用できるように、経験で得た身近な事例を重点に置き記述しました。

③ セミナー講師の経験を活かし読者の方に理解を深めていただくため、図式や図解を用いた解説を随所に織り込みました。

未然防止が活発に展開され、優れた企業づくりをめざしている読者の皆さんに本書を参考として、職場カイゼンを実行に移していただければと願っています。

最後になりましたが、㈱デンソーおよび、デンソー技研センターで大変お世話になりました先輩の方々、そして関係各位の方々に深く御礼申し上げます。

2017年5月

倉田　義信

推薦のことば

　技術は常に進化し、止まることなく次なる時代を築き続けてきました。人々の価値感も多様化し、製品開発競争はますます、その熾烈さを増しています。AI（人口知能）やIoT（モノのインターネット）を始めとする情報分野は、モノづくりを根本から様変わりさせる勢いで、目の前にその姿を現わしています。しかし、どんなに様相が変化しようとも、これまで成長し続けてきた源泉はモノづくりの現場にあり、その基盤は、そこで働く人々の総智・総力で挑んだ結束力と弛まぬ努力と汗にまみれ生まれた創意工夫のカイゼンによるものです。そして、その基盤はこれからも決して揺らぐものではありません。

　新たな時代を切り開き、そして生き抜くためには、立ちはだかる難題に勇気を持って立ち向かい、決して諦めることなく挑戦する現場力が必要となります。その難題を克服するための力強い現場力であるリーダシップ力やマネジメント力の基軸を本書から学び得ることができます。

　著者は、㈱デンソーの製造現場にて品質部門・検査部門を歴任し、現場の要である工場長として自動車産業界発展に大きく貢献されました。その後も㈱デンソーの人材育成を支えるデンソー技研センターの主幹講師として、職場を切り盛りできる管理監督者の育成に尽力され、人づくりにおいても偉大なる功績を残されました。こうして切磋琢磨しながら押し寄せる荒波に揉まれた実績と豊富な経験は現場力の向上と共に後進の育成の礎を築き、今も脈々と受け継がれています。

　そんな著者が描いた本書の特徴は、一言では言い表すことのできない実体験や奥深い想いを、とても親切かつ、わかりやすい論法を使い説いています。ひとつひとつの言葉の定義を明確に示し、図解との併用でイメージを引き出し、平易な事例の中には、自ら体験した熱い想いを伝えながら「事実を探り・考え・行動」に導く本来の現場力の凄さや鋭さへの気付きを与えてくれます。

　また本書は、単なる問題解決の手法ではなく、難題の本質にアプローチし、真の原因追求から根本対策を導き、本来の狙いである再発防止や未然防止とい

った究極の姿にとことんこだわり、職場に根付くまでの定着プロセスが凝集されています。さらに言えば、人を支える仕組みやコミュニケーション、管理システムにまでカイゼンの目を行き届かせ、事実を基に構成された実用編は説得力があり、一際、納得感を高めさせてくれます。

　本書の「なぜなぜ分析」は、必ずや読者の心を掴み、明日の時代を担う多くの人々に気付きを与え、変化に強い職場を築き上げてくれることでしょう。この先、どんな難題が迫ろうとも、どんな場面に遭遇しようとも、どんな場所に置かれようとも、理詰めで考え、原理・原則で捉える「なぜなぜ分析」は、真の論理力を高め、職場を鍛える一助として、お役に立つと確信しています。

　便利なシステムに向かいがちな昨今、「変えてはいけないもの」への大切さを私は忘れてはいけないと感じています。モノづくりや人づくりの根底は不変なものであり、いつまでもその想いや本質は受け継がれなくてはいけません。不易流行の精神は、古き良き思想を置き去りにすることなく活かすことで成長した変化に強い人づくり、変化を真正面から受け止めるモノづくりの力だと信じています。その力を生み出すべき最高の一冊ではないでしょうか。

　私は今、㈱デンソーの若者を育成するデンソー工業学園に所属しています。著者の「なぜなぜ分析」には、「問題意識」「カイゼン意欲」「仲間意識」といった、現場力を最大限に引き出す真髄が盛り込まれています。ぜひ若者の教育現場で活用し、実践力と即戦力ある人材育成に取り組みたい所存です。

　一人でも多くの人たちに本書を一読賜り、激しく移り変わる世の中を生き抜くための勇気とヒントを一つでも多くお気付きになられることを期待し、推薦の言葉と致します。

　2017年5月吉日

　　　　　　　　　　　　㈱デンソー技研センター　デンソー工業学園

　　　　　　　　　　　　　　　　　　　学園長　松井　茂樹

目　　次

はじめに……………………………………………………… i
推薦のことば………………………………………………… ii

第1章　人を育て、強い職場を創る「なぜなぜ分析」

1　職場カイゼンと「なぜなぜ分析」………………………… 2
2　「なぜなぜ分析」とは？…………………………………… 4
3　「なぜなぜ分析」の適用ポイント………………………… 6
4　モノづくりにおける様々な問題解決……………………… 8
5　効果的な「なぜなぜ分析」の3段階……………………… 10
6　「エラー」はなぜ起きる
　　「防御の理想と現実」…………………………………… 12
7　「管理システムの欠陥」を洗い出し根本原因を追求……… 14

第2章　まずは、「事実の深掘り」から始める

8　「事実の深掘り」とは？…………………………………… 18
9　「事実の深掘り」のステップ……………………………… 20
10　事実情報収集のためのヒヤリング……………………… 22
11　失敗しない事実把握の方策……………………………… 24

- 12 「時系列事象関連図」で因果関係を見える化 …………… 26
- 13 「時系列事象関連図」作成のコツ ……………………… 28
- 14 「発生面」と「管理面」の2つの課題設定 ……………… 30
- 15 問題の要点を整理するコツ ……………………………… 32
- 16 問題事象の捉え方、表現の仕方……34
- 17 事例演習による具体的展開≪事実の深掘り≫ ………… 36

第3章 「なぜなぜ分析」効果的な掘り下げのポイント

- 18 「なぜなぜ分析」のイメージ …………………………… 48
- 19 「なぜなぜ分析」の基本手順 …………………………… 50
- 20 「なぜなぜ」を打ち切る際の目安 ……………………… 52
- 21 事例演習による具体的展開
  ≪発生面の「なぜなぜ分析」≫ ………………………… 54
- 22 「最初のなぜ？」と「掘り下げ」の秘訣 ………………… 56
- 23 事例演習による具体的展開
  ≪管理面の「なぜなぜ分析」≫ ………………………… 60

第4章 真因対策と再発防止への展開法

- 24 効果的な再発防止策の検討 ……………………………… 66
- 25 効果的な対策発想の手順 ………………………………… 68
- 26 カイゼンの具現化と評価 ………………………………… 70
- 27 人のエラーに対する対策のコツ ………………………… 72

28	確実な横展開の実施	74
29	事例演習による具体的展開《再発防止策》	76
30	事例演習による具体的展開《学びからの展開》	78

第5章　未然防止への展開法

31	未然防止の基本的な考え方とその展開	82
32	不良を作らない、流さない「自工程完結活動」	84
33	QC 工程表を活用した工程管理の充実	86
34	QA ネットワークを活用した工程保証度の向上	88
35	変化点管理による未然防止のあり方	90

第6章　「なぜなぜ分析」職場定着への秘訣

36	ヒューマンエラーとエラー現象の捉え方	94
37	ヒューマンエラーへの対応	96
38	当事者の立場で考える	98
39	「なぜなぜ分析」の全社展開に向けて	100
40	真因をトコトン追究するタスクチームの結成	102
41	信頼されるリーダーの姿勢	104

第7章　《実用編1》
生産工程のヒューマンエラー対策

42　組織の力で日々の変化への対応力を強化する……………108
43　「できごと」を図解で描き、問題点を洗い出す…………110
44　「うっかりミス」を招いた根本原因を解明する…………112
45　「うっかりミス」を防げなかった管理欠陥を見逃すな…116
46　「うっかりミス」の原因を組織力でカバー………………120
47　「うっかりミス」から学びの横展開…………………………122

第8章　《実用編2》
切削加工工程のカイゼン

48　NC工作機械の問題発見力を鍛える……………………………126
49　「切削条件」を原理原則から見直す…………………………128
50　現場でのできごとが図解で見える……………………………130
51　変化を作り込んだ根本原因を切り開く………………………132
52　異常を見逃した管理の悪さを追究……………………………136
53　現場の変化を見逃さない管理の押さえ………………………140
54　NC工作機械の問題からの学び…………………………………142

目　次

第9章　《実用編3》
職場の安全管理におけるカイゼン

55　職場災害発生における組織的な問題の探求………… 146
56　災害を徹底分析し、職場の安全性を高める…………… 148
57　保守作業中のできごとから逸脱事象を解明………… 150
58　災害発生につながったに直接原因の追究…………… 152
59　災害を未然に防げなかった管理原因を追究………… 156
60　職場の安全管理のまとめ……………………………… 160
61　職場の安全管理におけるカイゼンからの学び………… 162

第10章　《実用編4》
プログラムにおけるバグのカイゼン

62　プログラム開発問題に「なぜなぜ分析」を適用……… 166
63　問題発生の背後にある「いきさつ」を整理…………… 168
64　プログラムのバグの技術的原因の検証……………… 170
65　ソフト開発からバグ発覚への経緯を掘り下げる……… 172
66　プログラムのバグ「作り込み原因」の特定…………… 174
67　バグを見逃した原因の追及（管理原因）……………… 178
68　プログラムにおけるバグのカイゼンのまとめ………… 182
69　プログラムにおけるバグのカイゼンからの学び……… 184

第1章

人を育て、強い職場を創る「なぜなぜ分析」

職場カイゼンと「なぜなぜ分析」

「なぜなぜ分析」で根本的な原因を捉え、仕組みをカイゼン

　私たちは日々の仕事の中で、お客様や関係部署から品質に対する苦情やさらなるコスト削減、魅力ある新製品の開発などの様々な課題に直面しています。言い換えれば私たちの仕事は、職場一体となったカイゼンを連続的に推し進め、「人を育て、強い職場を創る」ことといえるでしょう。

　カイゼン活動は、担当者と管理者が一体になって行う活動や良いものを創る仕組みづくりを通じて人を育てることを意味し、単なる生産性や品質を良くする改善とは意味と区別するために「カイゼン」と表記されています。

　職場カイゼンの目的を整理すると下記のようになります。
　①品質重視：仕事のプロセスの質を向上する。
　②顧客重視：素早い対応で信頼を確保する。
　③人材重視：カイゼンで人を育てる

　言い換えれば、「やりがいのある職場創りを促し、社員が満足して働ける風土があって、顧客満足につながる」ことを意味しています。

　しかし、問題をカイゼンするやり方によってその成果は大きく異なってきます。高い品質を支えるモノづくりを実践するため、設計管理や工程管理など種々の機能的横断的な手法や仕組みを構築し、組織を挙げて再発防止や未然防止を強化してきました。

　しかしながら、人を主体とした問題の発生や人のエラーを完全に抑えることは難しいのも現実です。そこで「なぜなぜ分析」を活用し、その問題の根本的な原因を見つけ、二度と発生しないようにカイゼンすることが求められています。

　その中でFMEAやQAマトリックス、QC工程表などの管理ツールへ確実にフィードバックし、検討段階での潜在的な危険因子の漏れや議論のやり方まで言及し是正することで、再発防止、未然防止につなげることができます。

第1章 人を育て、強い職場を創る「なぜなぜ分析」

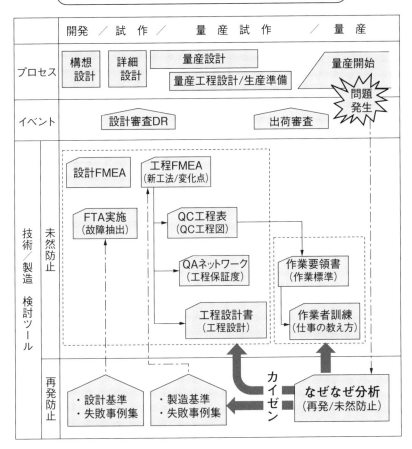

- 工程FMEA：工程欠陥が製品機能へ与える影響を解析し、問題点を摘出する手法。
- QC工程表：工程順に「管理特性」や「品質特性」「管理方法」を一覧化した表。
- QAネットワーク：製品の保証レベルを評価し、弱点を顕在化し改善を進める手法。
- 工程設計書：設計情報から工程順序、作業方法や加工条件などを定めた指示書。
- 作業要領書：誰でも同じ質の作業できるよう手順やポイントを要領化したもの。
- 作業者訓練：一定水準の作業が得られるよう要点や注意点などを実践で指導。

《要点》
- カイゼンを通じて組織や人を進化させる。
- カイゼンを回し続けてモノづくりの仕組みを強化する。

「なぜなぜ分析」とは?

「なぜなぜ分析」は問題を論理的、合理的に解決

(1) 従来の問題解決

　工場の現場カイゼンの手段として広く使われてきた「なぜなぜ分析」は今では、事務や技術、そして運輸、医療やプログラム開発など様々な分野に取り入れられ、エラーを減らし「仕事の質」向上にも役立っています。働く者にとって日々の仕事自体が問題解決の連続でもあり、その進め方によって成果も大きく異なってきます。従来の「勘、コツ、度胸」に頼った対処療法的な対応策のみでは再発防止が効かず、同じ問題を何度も発生させることになります。同じエラーを二度と発生させないためには、従来の考えを変え、発生している問題に対して真の原因を捉えることが大切になります。そして真の原因に対して効果的な根本対策を打ちます。

(2) なぜなぜ分析

　「なぜなぜ分析」は、エラー発生に至った事象を論理的に「なぜ?」で問い、仕事の進め方や管理の仕組み上の欠陥を効率的に掘り下げ、根本的解決に導く分析法を言います。そのため事実を「現地、現物、現実」に基づき徹底的に掘り下げ、そこから捉えた課題を明らかにし、「原理、原則」からの論理的なアプローチでエラーの根本原因を解明します。

　また「なぜなぜ分析」は職場の仲間が自由に発言しながら進められ、多面的なモノの見方を身に付けられる特徴があり、以下のメリットが期待できます。
　①確実にエラー発生が防止できる（再発防止、未然防止）。
　②問題解決力が鍛えられ人の育成ができる（洞察力、論理的思考）。
　③相互信頼が深まり強い組織に変わる（活発なコミュニケーション）。

　私たちは、お客様が期待する成果を実現するために、この「なぜなぜ分析」を日々の問題解決で実践しカイゼンを進めることで「働きがいのある職場作り」に活かすことができます。

第1章　人を育て、強い職場を創る「なぜなぜ分析」

なぜなぜ分析＝管理システム対策

(1) 従来の問題解決

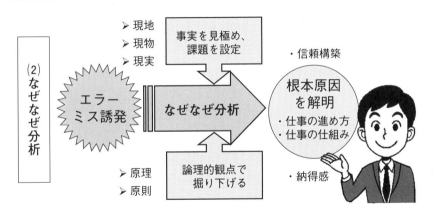

(2) なぜなぜ分析

より深く

《「なぜなぜ分析」のメリット》
① 確実にエラー発生が防止できる。
② 問題解決力が鍛えられ人の育成ができる。
③ 強い組織で相互信頼が深まる。

《要点》
・現地で現物により事実をよく見極めて課題を設定する。
・論理的なつながりと具体的な事実の裏付けで検証する。

「なぜなぜ分析」の適用ポイント

「なぜ起きたか?」をブレーンストーミングで根本原因追求

(1)「なぜなぜ分析」が上手くいかない理由

　モノづくりの中で日々発生する様々な変化点の管理が的確にできなかったために、過去に引き起こした問題が再発したり、想定外の事態に陥る場合もあります。事実に基づいた現状把握からの原因の追及でなくてはなりません。この段階での原因列挙が問題解決の質に大きく関係するので最も重要となります。

　特に人が絡んだ複雑な問題の原因を解き明かす作業は大変難しいもので、あきらめることなく根気よく取り組まなくてはなりません。原因追及を急ぎすぎ、事前準備不足で事実の検証が不十分なまま開始したり、分析スキルの不足から責任転嫁や犯人捜しに終始してしまうこともあります。

(2)「なぜなぜ分析」の掘り下げのイメージ

　原因を掘り下げる過程で、「なぜ」の視点を「自分事」に置き変え、「自責の姿勢」で捉えることが大切となります。ブレーンストーミング法の活用により、メンバー各人が可能な限り「想定」と「事実」を付箋紙に自由な発想で書き込みます。推進リーダーはメンバーからの意見を基に部門の枠を超えての議論を図り、全員が納得できる「最適解」を選定し次に移ります。挙げられた原因に対してさらに「なぜ、なぜ」を可能な限り繰り返し、シートを完成していきます。

　このように分析の過程で事実を捉え、「論理的」かつ「網羅的」な真因への掘り下げが問題解決力を飛躍的に高めることにつながります。

ブレーンストーミング法:Brainstorming
①自由奔放な発言を歓迎する。
②人の意見を批判、否定しない。
③質より量を重んじる。
④人の意見に便乗し、さらに意見を結合改善する。

第1章 人を育て、強い職場を創る「なぜなぜ分析」

なぜなぜ分析の適用ポイント

(1)「なぜなぜ分析」が上手くいかない理由

分析が浅く、再発防止や横展開が十分にとれずに、同じような問題を繰り返す。

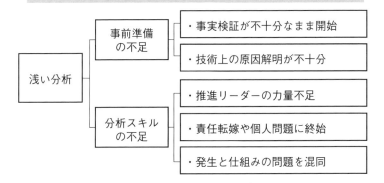

(2)「なぜなぜ分析」の掘り下げのイメージ

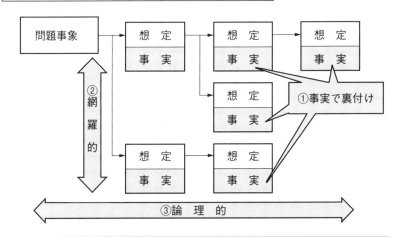

《要点》
- ブレーンストーミングを活用し主体的に取り組む。
- 二度と問題が発生しないように根本原因を解明する。

モノづくりにおける様々な問題解決

現場における問題解決活動で人づくり強化

(1) 工程管理と問題解決

モノづくりの中で問題に直面しない日はないでしょう。品質、安全、納期、コストなど様々な問題解決に当たっており、一時たりとも気が抜けない状態にあることも現実です。組織を挙げたモノづくりの管理技術やカイゼンも手法として確立し、より信頼性の高い問題解決が図られています。しかしながら、この問題の大きな要因の一つに「人の行動要因」が関わり、さらに問題を複雑にしているため的確な問題解決の手法を活用した分析が必要となります。

(2)「なぜなぜ分析」の狙い

技術的な要因に加えて、その不具合に至った人間行動（ヒューマンエラー）を引き起こす様々な「因果関係」や問題を防ぐための「仕組み」が機能しなかった管理的な面が複雑に絡み合い、問題解決を難しくしています。

トヨタが発祥とされる「なぜなぜ分析」は、机上で要因を考えず、現場調査で事実をつかみ、5回の「なぜ」を自問することで、因果関係や裏に潜む本当の原因を突きとめることができる極めて有効な分析法と位置付けられます。

人的エラー防止への特効薬はありません。起こしたエラーやヒヤリハットに関する情報を共有して原因を体系的に分析することにより、職場風土や管理技術上の問題点を洗出し、根本原因へのカイゼンを継続することで再発防止が図られます。さらに、類似点や共通点を導き出し横展開することで不具合を未然に防止することができます。

管理技術：生産活動を効率的に行う技術体系
　QC：Quality Control（品質管理）　　IE：Industrial Engineering（生産工学）
　VE：Value Engineering（価値工学）
　PM：Productive Maintenance（生産保全）　など

第1章 人を育て、強い職場を創る「なぜなぜ分析」

モノづくりにおける様々な問題解決

(1) 工程管理と問題解決

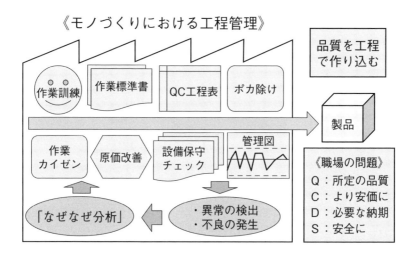

(2) 「なぜなぜ分析」の狙い

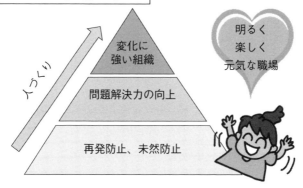

《要点》
・事実の把握に徹底的にこだわり、真因を追究し続ける。
・「なぜなぜ分析」は、人づくりと組織力の強化が最終目的。

効果的な「なぜなぜ分析」の3段階

「なぜなぜ分析」を効果的に進める秘訣

　ここでは「なぜなぜ分析」の効果的な進め方についてのステップを解説します。問題を認識し、どのような経緯で発生したかについて事実を把握し、解決すべき対策立案に至る過程を、(1) 事実の深掘り⇒ (2) なぜなぜ分析⇒ (3) 根本対策の3段階で進めます。

(1) 事実の深掘り：「何が起こったか？」について事実の追及

　まず、事実の深掘りでは、問題を漠然と捉えるのではなく、様々な視点で問題を捉えるため、現物をしっかり観察し関係者のヒヤリングを行い、事実を捉えます。そして得られた情報からエラーに至る因果関係を「時系列事象関連図」で整理します。それにより、仕事の流れや関係者相互の役割や行動が明らかになり、解決すべき発生面、管理面の2つの課題を設定します。ここで正確な事実の追及を行うことで、分析に当たるメンバー間の目線合わせが有効に機能し、原因追求範囲が具体化され分析に入りやすくなります。

(2) なぜなぜ分析：「なぜ起きたか？」「なぜ、防げなかったか？」の追求

　「なぜなぜ分析」では発生面と管理面を別々のシートに分け、論理的に「なぜ」を問いながら分析を進めます。特に管理面では問題を見逃し防げなかった視点で仕組みが機能しなかった点を見直すこととなります。エラーを引き出している原因を特定するには、「なぜ」の仮説を立て、その事実を洗い出し裏付けながら原因の原因を掘り下げ、真の原因を特定していきます。

(3) 根本対策：「どうすれば予防できるか？」を立案

　「なぜなぜ分析」で洗い出された原因に対して確実な根本対策を打つことになります。ここで重要なことは、従来の固定観念にとらわれず柔軟に発想することです。明確となった真の原因を解決できる効果的な対策を検討していきます。対策を整理できたら、効果性、コスト、リスクなどで評価して最適な対策を確定し、スケジュールを明確にして実行していきます。

第1章 人を育て、強い職場を創る「なぜなぜ分析」

「なぜなぜ分析」の進め方の3段階

(1) 事実の深掘り
- 情報収集、整理統合
- 「時系列事象関連図」の作成（関係者と因果関係のフロー図）
- 解決すべき課題の設定（発生面、管理面の2課題）

○事実に基づく現状把握
・あるべき姿と対比、事実を検証する。
・発生面、管理面の課題を設定する。

(2) なぜなぜ分析
- 発生面（直接的原因）
- 管理面（見逃し原因）
- 根本原因の特定（2つの原因の発見）

○本質的問題の発見
・問題事象を掘下げ根本原因を特定する。
・論理的思考で本質を捉える。

(3) 根本対策
- 《再発防止》同じミスは繰り返さない。
- 《未然防止》管理の仕組みの欠陥を補強する。
- 根本解決策の実施（2つの本質を押さえる）

○効果的な対応策
・有効性、コスト、リスクを検証する。
・成果を横展開する。

《要点》
・関係した人物との情報や因果関係を時系列で明らかにする。
・事実の深掘りで発生面と管理面のパラレル課題を設定する。
・根本原因を掘り下げ、質の高い仕事へのカイゼンに役立てる。

「エラー」はなぜ起きる「防護の理想と現実」

「人はいつかエラーを起こす」を前提に仕組みを強化

(1)「エラー」はなぜ起きる

人は常に良い仕事をしたいと思い行動していますが、「予期せぬエラー」を犯してしまいます。この「うっかり」「ぼんやり」などの人間特性を前提に、組織を挙げエラーの未然防止が確保されることを目指しています。人の間違い操作や機械の誤動作があっても安全が確保されるように仕組みを強化し、仮にトラブルが発生しても、「規則」「仕組み」「人（訓練）」による多重の防護の壁に守られトラブルの拡大を抑えて影響を最小限に止めることを目指しています。

しかし、完璧であったはずの仕組みも仕事の内容やコミュニケーション環境の変化などにより適応できなくなっているのも現実です。その都度、管理の方法や議論や審議の場を再整備し組織の連携強化を行ってきました。

(2) 防護の理想と現実

特に管理的な問題事象は一つのエラーだけで発生することは稀であり、偶発的な事項や人間のエラーがいくつもつながった時に起きることになります。よって、そのつながりを断ち切ることができれば、問題の発生を防ぐことが可能となります。

しかし、表面的な問題を防止することは可能となりますが、根本的な原因を排除しない限り、他のエラーや条件が重なった時には新たな問題として表面化することとなります。また、管理の不備や使いにくい道具などの潜在的欠陥に加え、「規則を理解していなかった」、「自分の都合の良いように判断した」、「規則を守らなくても注意されない」などの理由から規則を守らなかったため、エラーや災害に結びつくこともあります。

そのため、エラーを起こす発生確率をよりゼロに近づける活動と合わせて、各防護層の精度を高めて抜け穴を小さくする、または階層を深くし気付ける体制として仕組みを是正することに取り組む必要があります。

第1章 人を育て、強い職場を創る「なぜなぜ分析」

「エラー」と「防護の現実」

(1)「エラー」はなぜ起きる？

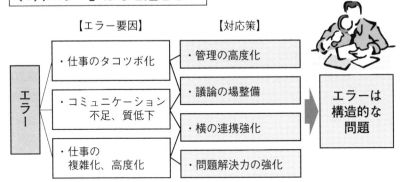

(2) 防護の理想と現実

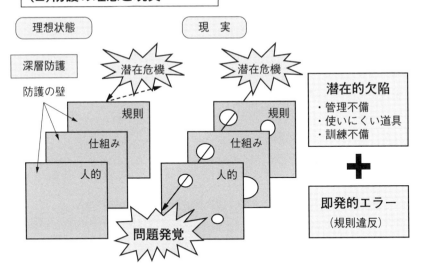

参考文献
ジェームズ・リーズン著、塩見弘監訳:「組織事故」、日科技連出版社 (1999)、p.11

《要点》
- エラーは、仕事の高度化などから起きる構造的な問題。
- 規則や仕組み、訓練や啓蒙など人的防護の質を向上。

「管理システムの欠陥」を洗い出し根本原因を追求

問題を招く3つの原因追求とその根本対策を考える

　問題には、必ず引き金となった原因が存在します。さらに、問題の原因は複雑に絡み合い何層もの構造となっているために、問題に至った事実を掘り下げ根本的な原因を捉えなくてはなりません。これを誤ると問題は別の形で再発につながり、あるいは類似問題として発生することになります。

　モノづくりにおける問題は、下記に示す3つの原因が存在し、その対応を複雑にしており、整理した分析が必要となります。

（1）**技術原因**：問題事象を引き起こしている技術的原因

　問題対応に当たっては、現物の故障解析やPM分析、再現試験など組織を挙げて問題に至るメカニズムやアルゴリズムを明確にした技術的対応が優先されます。固有技術の専門家を交え、科学的な調査で技術的原因を明らかにした上で、適切な是正処置が打たれます。

（2）**発生原因**：技術的な問題の引き金を作り込んだ直接原因

　事実の深掘りによる現状把握を踏まえ、「なぜなぜ分析」により発生原因を明らかにし、その根本対策を打っていきます。なお、発生原因の分析に当たっては、当事者とその関係者が中心となって分析することが主体性の強化と分析能力の向上につながります。

（3）**管理原因**：直接原因を未然に防止できなかった管理的原因

　管理原因の追究は、技術原因や発生原因に対する未然防止の仕組みが機能しなかった、いわば「防止できなかった管理の仕組みの欠陥」に当たり、本質的な原因につながるため、ここは管理者の出番となります。

PM分析：Phenomena（現象）　Physical（物理的）　Mechanism（メカニズム）
　不具合の現象のメカニズムを明らかにし、考えられる要因を設備構造、加工方法などすべてリストアップし、分析する方法。

第1章　人を育て、強い職場を創る「なぜなぜ分析」

問題を招く3つの原因

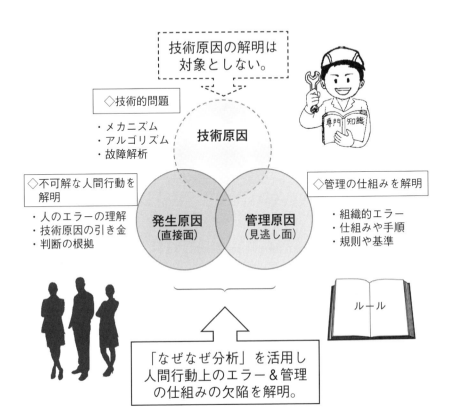

≪要点≫
- 技術原因専門家を交え、メカニズムなど明確にして対処。
- 発生原因と管理原因の両面で「なぜなぜ分析」を行う。
- 人の問題でなく、人間行動を捉え、「管理の仕組みの問題」として解決する。
- 人間がからむゆえ、組織の知恵を最大限に結集させる。

第2章

まずは、「事実の深掘り」から始める

「事実の深掘り」とは？

「何が起こったのか」を時系列事象関連図へ展開

　確実な問題解決を行うには、まず正しく事実を把握することが大切となります。机上の理論だけでは解決できない原因が複雑に絡み合って問題解決を難しくしています。問題が起きたら、まず自ら現場に足を運び、現物をよく観察し、さらに担当者へのヒヤリングを行い、問題に至った事実を明らかにしなければなりません。

　「事実の深掘り」は、「なぜなぜ分析」の前段階として、問題事象に至った客観的事実のみを「時系列事象関連図」に整理します。この時、問題発生に関連したと考えられる「背後要因」をできる限り書き出しておくとよいでしょう。問題を漠然と捉えていては真の原因に到達することはできません。まず、「なぜ？」を問う前に、現状把握で事実を掘り下げることから始めます。さらに事実のつながりや順序を明確にして問題を構造的に捉えていきます。このように事実を分割整理し様々な視点で考えることで、「なぜなぜ分析」で解決すべき課題を見つけやすくすることにつながります。

　分析にあたっては客観的な分析を行うため、多様な職種のメンバーの参加を促し、いろいろな考えから事実の検証を行います。特に注意が必要なことは、個人的な意識に注目するのではなく、「仕事の仕組みやそのプロセス」に着眼して進めます。さらにこの段階で、問題事象をどの部分に置くかを検証することも可能となり、今後の分析の効率化につなげることもできます。

　結果として起きた問題事象から事象の因果関係や背後要因を時系列に並べ、その構造を見えるように描き出します。見えない原因を捉えるには、まず見えている事実の関係の流れを正確につかむことが重要であり、「時系列事象関連図」で問題の構造の理解を促し、事実関係を容易に整理することが可能となります。

第2章 まずは、「事実の深掘り」から始める

事実の深掘り＝問題事象のプロセスを見える化

(1)「事実の深掘り」とは？

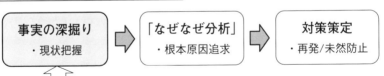

「なぜなぜ分析」の前段階として、エラーに至った関連情報を「時系列事象関連図」で整理し、課題を設定する。

① なぜを問う前に、ヒヤリングなどで事実を客観的に捉える。
② 出来事を時系列に並べ、その関係を流れ図で表す。
③「なぜなぜ分析」で明らかにする課題を設定する。

(2)「時系列事象関連図」の概要

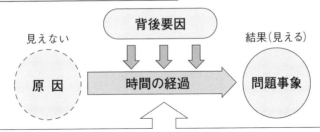

「時系列事象関連図」

事実情報を視覚的に把握するため、不具合に至る事象や人の行動などの出来事の経過を「流れ図」として表したもの。

① 横軸を時間軸、縦軸に人物・組織を配置する。
② 事象のつながりや順序など因果関係の流れを線で示す。
③ 標準の流れからの逸脱現象を検証し課題を洗い出す。

≪要点≫
・事実を洗い出し、問題事象に至る因果関係を解明する。
・問題解決の過程で相互コミュニケーションを活性化する。

「事実の深掘り」のステップ

事象の流れから因果関係を明確化し課題を設定

「事実の深掘り」から分析課題を抽出するに当たり大切なことは、当事者や関係者に対してヒヤリングや現場を細かく観察するため次の点への理解を得ることです。

①調査目的は犯人捜しでなく、管理欠陥を改善するための事実が必要なこと。
②問題の再発を防ぎ仕事の質を向上するには職場全体の協力が不可欠なこと。

これは一般的な問題解決の現状把握に当たり、以下のステップで進めます。

【Step1】問題の整理（10節、11節参照）
情報を収集し、収集した情報を事実検証し、整理する。
・当事者や関係者に対し現地、現物、現実の観点で細かく事実を聴き出す。
・変化点に着目し、事実、意見、推測を仕分け整理する。
・事実のみに焦点を当て、「5M1I」の視点でまとめる。

【Step2】問題事象の抽出（12節、13節参照）
問題発生への流れの関係を「時系列事象関連図」で構造化する。
・時系列に順序良く事象を並べ、順次図解化により見える化する。
・手順、規則などのあるべき姿と対比し、差異を明らかにする。
・事象の途切れ、飛越しなど「なぜなぜ分析」に必要な本質事象を見極める。

【Step3】分析課題の設定（14節、15節参照）
「なぜなぜ分析」で明らかにする問題の発生面と管理面の課題を設定する。
・発生面（作り込み）：なぜ、問題発生に至ったか？
・管理面（見逃し）：なぜ、問題発生を防げなかったか？

次は、抽出した課題に潜むエラーの誘発要因を推定しながら、設定した2つの課題を取り上げ、根本原因を追究すべく「なぜなぜ分析」に臨みます。

第2章　まずは、「事実の深掘り」から始める

「事実の深堀り」の3ステップ

【Step1】問題の整理

三現主義	事実検証
・現場 ・現物 ・現実	○事実 ×意見 ×推測

・現場の確認　　・情報の整理
・現物の精査　　・事実の検証
・ヒヤリング

《5M1I情報整理シート》
・Man：人、組織
・Machine：設備、治具
・Method：方法、標準類
・Material：材料、部品
・Measurement：計測器
・Information：情報

【Step2】問題事象の抽出

時系列事象関連図

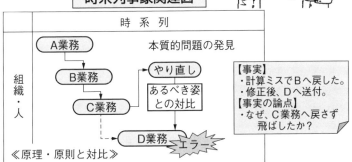

【事実】
・計算ミスでBへ戻した。
・修正後、Dへ送付。
【事実の論点】
・なぜ、C業務へ戻さず飛ばしたか？

【Step3】分析課題の設定

☆発生面と管理面の2つの課題を設定する

「発生面」	「管理面」
なぜ、問題発生 に至ったか？	なぜ、問題発生を 防げなかったか？

《要点》
・事象の流れを見える化し議論を深める。
・事実検証結果から課題を絞り込む。

10 事実情報収集のためのヒヤリング

"聴き上手"が信頼を深め、迅速解決につながる

（1）ヒヤリングのポイント

　ヒヤリングに当たって手際よく聴き込むには、まず聴き手側の事前準備が重要になります。仕事の流れや対象物の構造から動きの機構やそのメカニズムについて事前に関連知識を得ておくことでコミュニケーションが密になり、早い解決につながります。

　事実収集のためのヒヤリングは真の原因を明確にするものであり、責任追及するためではないことをまず相互確認してから始めましょう。ヒヤリング段階での「なぜ？」の質問は、問い詰められていると受け止められかねません。素直に事実を「しっかり受け止める」聴き方、姿勢が重要となります。本人しかわからない所を「教えてもらう」気持ちが大切となります。

　情報収集に向けたヒヤリングにおいては、次の点に注意が必要です。
　①普段困っていることなど話しやすい雰囲気を作る。
　②目的をわかりやすく説明し、教えてもらう姿勢で聴く。
　③威圧的な言動は避け、相手の話を決して否定しない。
　④相手の意見を尊重し、押付けや強要はしない。
　⑤時系列の変化やいきさつについて順を追って整理する。
　また、本人が質問の意味がわからない場合には、データや記録で補足説明し、何を説明すれば良いか、しっかりと理解納得してもらうように心がけます。

（2）問題発見7つの聴き方

　また、最も大切な事は問題発生の時だけ上司が登場するのではなく、日頃から部下を仕事の仲間として認め、コミュニケーションの機会をもち、上下間の信頼関係を高めておくことが問題解決の効率アップにつながります。積極的に現場に足を運び、「悩んだり困っていることはないか？」「納得せずにやっていることはないか？」など、もっと話を聴きましょう。

第2章　まずは、「事実の深掘り」から始める

手際よく聴き込むコツ

(1) ヒヤリングのポイント

事前準備	現場で	流れの整理
・仕事の流れや標準類との関連 ・役割、機能や加工条件、要素 ・動きの機構やそのメカニズムを知る	・実際に作業を見ながら ・標準類や規則に沿って観察 ・捉えた情報はそのままメモ	・仕事の構造を検証する ・前後の関連を図で整理する ・不明点は再度聴き込む

(2) 問題発見7つの聴き方

- ☐ 悩んだり、困っていることは、ないか？
- ☐ 納得せずにやっていることは、ないか？
- ☐ やりにくい作業は、ないか？
- ☐ 今までに同じような不具合は、なかったか？
- ☐ 前後工程からの異常の打上げは、なかったか？
- ☐ 間違いに気付きやり直したことは、なかったか？
- ☐ 普段との違いや変化に、気付いたことはなかったか？

   　現場に足を運び、耳と目と心で聴く。

≪要点≫
- ・日常からの信頼関係づくりが協力姿勢を得る。
- ・聴き上手が問題の迅速解決につながる。
- ・推論、憶測を仕分け、事実のみを聴き出す。

11 失敗しない事実把握の方策

問題に至る"因果関係"を三現主義で明確にする

　問題は、いつも見えているものばかりではありません。見えない潜在的な問題に対して、足を運んで事実を把握することは重要な要素となります。この事実をしっかりと調査できるかで解決への道筋は大きく変わってきます。

　事実情報の効率的な収集のためには、「5M1I」フレームワークを活用することで効率的で洩れのない事実を捉えることが可能となります。ただし、活用に当たっては、自分なりに問題を整理し仮説を立て、そこに重点を置いて洗い出す姿勢も大切になります。

　事実把握は、自分のわからない所を現場で明らかにしていくので、先入観を捨てて素直な気持ちで聴くことが大切です。人間は自分が失敗したことを積極的に話してはくれません。したがって、まずは調査の目的をわかりやすく説明して理解してもらい協力を得る姿勢が大切になります。先入観をもった聴き方や勘や経験だけに頼った感覚的な判断は行わず、事実や客観データを把握します。

　相手の意見を尊重し、押付けや誘導はもってのほかであることは言うまでもありません。話しやすい雰囲気の中で、データを基にして事実を客観的に聴き入れることが重要です。その中でつかんだ情報を絞り込み見極めることで有効な視点を得ることができます。

≪問題を客観的に捉える方法≫

・変化点の記録 ・物証、サンプル ・第三者証言ヒヤリング ・数値データ		・変化に気付く ・客観的判断 ・事実の裏付け ・関係者間での共通理解

第2章 まずは、「事実の深掘り」から始める

事実把握の対象範囲

◆ 事実情報は「5M1I」でつかめ！

「5M1I調査票」≪製造部門≫

5M1I	調査の内容
Man （人、組織）	□当事者の知識、技量、経験 □管理、監督者の管理、監督行動 □組織管理体制 □教育、訓練の体系とその記録
Machine （設備、治具）	□設備の構造や動き、加工メカニズム □加工条件の管理と変化点 □メンテナンス基準と保守記録 □ポカヨケ機構と点検基準と記録
Method （方法、標準類）	□技術標準書、失敗事例集 □ＦＭＥＡなど事前検討資料 □ＱＣ工程図などの品質保証体制 □作業要領書、手順書および訓練方法
Material （材料、部品）	□製品の構造図や働き、機能 □関連図面 □現物および正常品 □材料仕様書、成績書
Measurement （計測器）	□計測原理と精度 □測定データ □点検履歴や校正記録
Information （情報）	□作業日報などの記録 □異常の有無と報告 □４Ｍ変化点 □過去のトラブル履歴

≪要点≫
- 有用な関連情報を効率良く収集する。
- 現地現物を確認し、あるべき姿と対比し問題を洗う。

12 「時系列事象関連図」で因果関係を見える化

「流れ図」で視覚化すると問題の核心が見えてくる

(1) 作成手順

　問題事象に至るまでの仕事を流れ順に並べ、事実を整理把握するため、その情報や人の行動を流れ図として関連を精査します。特に人為的なミスの場合は、エラーに至った経緯を時系列で、誰がどのように関わったなどの情報整理することで、見えなかった新たな問題を明らかにしていきます。また、未然防止に対しての有効な手立てが事前に打たれていたかの疑問点も明白となります。

　不具合は1つのエラーや問題行動のみで発生するのではなく、いろいろな事象が連鎖し不具合に至っています。よって、その事象の連鎖構造を理解して関係者間で納得しながら進める必要があり、これが正確な「なぜなぜ分析」の源泉となります。

(2) 全体イメージ

　「時系列事象関連図」から明確になった事実と事実の流れの関連性を整理していくと、エラーに至った全体像が見えるようになり、それらを踏まえ「なぜなぜ分析」を進めることで正確で納得性のある対策が立案できるようになります。

　また、事象を時系列に図示することで次の点が明らかになります。
①関係性：事象と事象間の連鎖の因果関係が明確になる。
②網羅性：事象間を線で結び図示することで全体構造が見渡せる。
③客観性：確認のとれた事実のみを採用するので先入観が排除される。
④背後要因：「なぜ、そうなってしまったか？」を考える足掛かりとなる。
⑤真相解明：不明点が明らかになり、問題の核心により近づける。

　そして、「どうしたら事象の連鎖を断ち切り、不具合を防ぐことができるか？」を管理者と社員が一体となり分析することで職場の一体感も向上してくるでしょう。

第2章 まずは、「事実の深掘り」から始める

「時系列事象関連図」作成ポイント

(1) 作成手順

1. 縦軸に「関係者と役割」、横軸に「時間（日程）」を設定。
2. 仕事の流れ（内容や行動）の関係を"作業付箋"で整理。
3. 仕事の流れに沿い事実内容を"情報付箋"で関連付ける。
4. 仕事の流れをあるべき姿（手順、標準、規則）と対比する。
5. 隠れた事実、情報のつながりの欠陥を発見し、問題点を整理。

(2) 全体イメージ

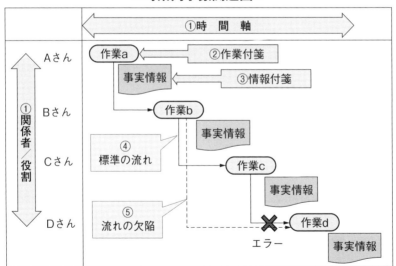

《要点》
- 関連図全体からあるべき姿との欠陥を顕在化。
- 仕事の流れに着目し、手戻り、飛越しなどの異常を点検。

13 「時系列事象関連図」作成のコツ

「手書き付箋」が論理思考と主体性を鍛える

「時系列事象関連図」は、時系列に事象を追いながら、発生している問題点を次々に抽出していきます。

「時系列事象関連図」の作成には、大きめの模造紙1枚と数色の付箋紙を必ず用意します。そして参加メンバーごとに色が分かれた付箋紙が配られます。1人1人が自分なりに捉えた事実をこれに手書きして進めます。これが、当事者意識をもった全員参加の光景で、そこからさらに最良解を確定する議論へと発展させていきます。誰一人傍観しているメンバーはいません。変化点から始まり、次々に貼られた事実の付箋紙が問題の核心へと変化していきます。

この模造紙に積み上げた情報整理が、「なぜなぜ分析」への足掛かりになる最も大切な1枚へとなってきます。

このコミュニケーション法は、一見するとありきたりの方法と感じるかもしれませんが、自分で考え答えを掘り下げる過程で「論理思考」と「主体性」を鍛えるには最適と考えています。

この「時系列事象関連図」により、以下の3つが明確になります。
①事象の流れからエラーの因果関係や構造上の欠陥がわかる。
②あるべき姿(標準)からの逸脱行為が明らかになる。
③原理、原則と対比することで問題の核心が整理できる。

このように出来事を時系列で整理することにより、不具合発生の原因の糸口がつかめてきます。また、不具合は正常な状態に対する逸脱事象であり、原理原則である正常な状態に当てはめ、その差が生じる理由を検証することで明らかになってきます。

第2章　まずは、「事実の深掘り」から始める

手際の良い「時系列事象関連図」作成のコツ

分析シート
模造紙を用意
（A2サイズ相当）
- 横軸：日程、時間
- 縦軸：関係者とその役割

作業付箋
作業名を記入
- 付箋に所定の作業名を書き出す。
- 模造紙へ時系列に貼り出す。
- 作業の流れを線でつなぐ。

情報付箋
事実の記入
- 出来事を付箋上段に書き出す。

論点の整理
- 疑問点や今後の展開に対する想定事項を下段に書き出す。

作業付箋
（サイズ：H15×W50相当）

- 作業名、業務名を記入。
- 時系列に並べる。
- 流れを線で結ぶ。

情報付箋
（サイズ：H75×W50相当）

【事実】関係者：○○
- 現地、現物で確認した事実を書き出す。

【論点】
- 疑問点の整理
- 今後の展開に対する想定

- 問題となる事象には通し番号を付ける。

《要点》
- 時系列に沿って出来事（事実）の流れを洗い出し整理。
- 最初から完璧を狙わず、分析で明確になったら随時追加。
- 事象間を線で結び、事象の流れを明確にする。
- 抽出した問題事象には順次通し番号を振る。

14 「発生面」と「管理面」の2つの課題設定

問題を整理し、解明するべき課題を見極める

「なぜなぜ分析」に当たって、「時系列事象関連図」で可視化して事実を深く掘り下げ、明確となった事実を洗い出し整理していきます。そこで不具合現象に直接的につながる発生上の問題と不具合を防げなかった管理システム上の問題を層別し、「なぜなぜ分析」で明確にすべき課題を設定していきます。

問題を漠然と捉えるのではなく、問題を見極めて分析に当たることで、原因や対策を具体的に考えることにつながります。

「時系列事象関連図」から課題設定は次のように行います。

(1) 問題の整理

「時系列事象関連図」で明確になった「論点」を整理し、各事象を初めから追いながら、発生している問題点を見つけ出し、区別できるように「通し番号」をつけて整理します。

(2) 問題事象の抽出

不具合に至った発生面および、見逃した管理面の問題事象の2点を絞り込みます。

- 発生面：不具合発生につながった直接的な問題事象
- 管理面：不具合防止の仕組みが機能せず、発見できなかった問題事象

(3) 分析課題の設定

「なぜなぜ分析」で明確にすべき「発生面」と「管理面」の課題の方向付けを行います。ここをしっかり議論することで適切な「なぜ？」につながり、分析の質を左右することになります。

発生面：問題発生に至る因果関係や背後要因の解明につながるテーマ
管理面：防止できなかった管理上の不備や仕組みの補強などのテーマ

第2章 まずは、「事実の深掘り」から始める

問題に至った2つの課題設定

(1) 問題の整理

問題構造の核心的な事項
◇時系列事象関連連図で明らかとなった
　問題となる事象を番号順に整理する。

(2) 問題事象の抽出

 発生面
なぜ、問題発生に至ったのか？

・問題発生につながる直接的な問題事象

 管理面
なぜ、問題発生を防げなかったか？

・未然防止の仕組みが機能せず、見逃した管理的な問題事象

(3) 分析課題の設定

■不具合発生に至る因果関係の解明
■不具合発生につながった背後要因の明確化

◆防止できなかった管理上の不備・欠陥を解明
◆管理の仕組みの欠陥の補強点の明確化

 ①発生原因
なぜなぜ分析

 ②管理原因
なぜなぜ分析

《要点》

・管理面やマネジメントに踏み込んだ課題を設定する。
・根本原因を解明し、組織的な仕組みの改善につなげる。

問題の要点を整理するコツ

「何が問題か？」事実を正確に捉え問題を抽出

　抽出された問題点を洗い出し、さらに背後に潜んでいる要因を探ることで、問題点がどのように誘発されたかが明確になります。複数の背後要因を挙げ、その関連性や階層構造を整理することにより複雑な連鎖が明確になってきます。完成したら因果関係が成り立っているかを再度観察し、不適切な点があれば再度検証し直し、完成度を高めていきます。

　「時系列事象関連図」からの問題で、明らかになった経過に沿って事象を確認しながら問題と思われる箇所を洗い出し、整理していきます。その中で、問題の当事者と関係者間の指示など情報交換のやり方にも注視する必要があります。特に問題事象の前後関係に多くのエラーが潜んでおり、流れの中で問題事象を見つけることが正しい分析につながります。

　この場合、次の3つの観点から問題を抽出すると良いでしょう。

①事実のつながりを明確に
・正常（あるべき仕事の流れ）と対比して、「流れの途切れ」、「飛び越し」など流れの異常を探す。

②原理に照らして判断
・人間の行動特性に適合しているか照らし合わせ判断する。
・「人はミスをする行動特性をもっている」を前提に仕組みの欠陥を洗い出す。

③原則に照らして判断
・標準類やルールなど基準を設定してあるか？
・ルールがある場合、ルール通りに実施されていたかを検証する。
・ルール通りでない場合は、なぜ守れなかったか、ルールの不備やあいまいさ、守れなかった環境などを明確にする。

第2章 まずは、「事実の深掘り」から始める

問題の要点を整理するコツ

「時系列事象関連図」から問題事象を正しく捉える

①事実のつながりを明確に

◇正常と対比して流れの途切れ、飛び越しなど異常を探す。

- 業務フローの迷走　：「業務が行ったり来たり」
- バイアス（飛ばし）：「まあ大丈夫」
- 余計なこと　　　　：「標準にないことをやった」
- 流れの遮断　　　　：「業務の途切れ、連携不備」

②原理に照らして判断

◇人間の行動特性に適合しているか照らし合わせる。

- 人間の認識や行動の基本法則を検証（うっかり、思い込み）
- 人間のエラーへ発展するか検証（手抜き、怠慢）

③原則に照らして判断

◇標準類やルールなど基準の流れを設定し、照らし合わせる。

- ルールがある→ルール通り実施されたかを明確にする。
- ルールを守らない→ルールの不備、曖昧さを明確にする。

《要点》
- エラー間の関連や共通要因を抽出する。
- 正常な行為からの逸脱に着目する。
- 当事者、関係者、管理者などの立場を変えてみる。
- 整合性を確実に、真因は組織、管理の仕組みにある。

16 問題事象の捉え方、表現の仕方

問題事象を絞り込み、見極める

　問題となる事象を明確にし、その事象の一次原因（最初のなぜ？）を見つけることから始めます。そして、二次、三次と「なぜ？」を繰り返し、五次まで到達すれば、ほとんどの問題の真因に到達することができます。まず基本となる問題事象の表現を的確に捉えることが良い分析につながります。

　なぜ起こったのかを明確にするためには、より具体的な事象に絞り込み、見極める必要があります。特に人のエラーの場合は、人物を主語にした事象を捉えて分析を行います。ただし、責任追及のための人物特定ではなく、人物による特異性からの因果関係を明らかにするためです。

　以下のポイントに注意し問題事象を表現すると良いでしょう。

①「発生原因」と「管理原因」での問題事象は個別に設定する。
・全く課題が異なる事象を混同させてはならない。
②事象は「主語」＋「述語」の短文で表現する。
・「人物」を主語：「だれ」が、「どうした」（具体的な行動）
・「事柄」を主語：「何」が、「どうなった」（機械、材料、方法、情報）
③あいまいな表現は避け、より具体的な表現にこだわる。
・あいまいな表現：「不十分」「不足がち」「〜が悪い」
・具体的な整理：「〜しづらかった」「気付けなかった」「ルール通りに〜」
④「事実」をありのまま文章化する。
・できるだけ25文字以内で、わかりやすくまとめる。
・事象は客観的事実をありのままに表現する。
⑤人的な心理面は問題から外す。
・責任転嫁に発展しないため避ける：「忙しかった」「うっかりしていた」

第2章 まずは、「事実の深掘り」から始める

問題事象の捉え方

≪問題事象4W＋問題解決1W1H1A≫

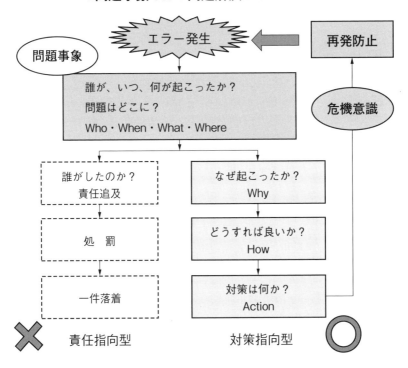

【問題事象の捉え方】
・人物を主語：「おじいさんが、懐中電灯の電池1本を＋－逆に入れた」
・事物を主語：「懐中電灯の電池1本が＋－逆になっていた」

≪要点≫
・問題事象は、事実を「主語」＋「述語」の短文で表現する。
・あいまいな表現は避け、より具体的に文章化する。
・個人的な心理面や言い訳は問題から外す。

17 事例演習による具体的展開《事実の深掘り》

17-1 事件の全容を捉える

　ここでは、「ある夜に発生した家族の事件」を事例に、「なぜなぜ分析」の分析手順に沿って、その真相を明らかにするとともに対応策を一緒に考えていきましょう。

> 演習課題：「使えなかった懐中電灯」

《太郎家停電事件のあらすじ》

　ある夜、雷雨による突然の停電。1人で留守番していたお母さんは、半年前お父さんが非常用に買った懐中電灯を思い出し、押入れから探し出してスイッチを入れた。しかし、全く点灯しない事態が発生し、お母さんは暗闇の中で大変不安な思いをした。

　そこで、お父さんはなぜこのような状況に至ったのかを明らかにするため「なぜなぜ分析」で真因を探ることとした。

第2章　まずは、「事実の深掘り」から始める

懐中電灯が点灯しなかった真因を追究しよう！

　技術的な原因解明には、その構造、機能、動きなど専門的な知識や経験、ノウハウが極めて重要になってきます。専門的知見がなければ、問題の原因究明にたどり着けず、原状復帰に導くことすらできないことは言うまでもありません。

　専門的な知識や経験値が深ければ深いほど、より多くの不具合要因を挙げ、調査機器を効率的に駆使し、いち早く不具合の核心にたどり着くことが可能となります。

　しかし「なぜなぜ分析」では、この技術的な原因を調べることは対象としていません。その先にある不具合やエラーが「なぜ起こったか？」について因果関係を明らかにし、さらに「事前に防止する手立てはなかったか？」について、事実に基づき分析を進めていきます。

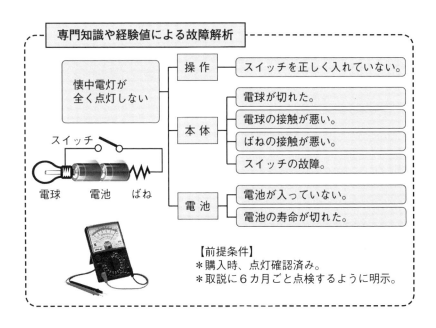

17-2　事実を正確に捉えるためのヒヤリング

　お父さんは停電復帰後、まず事実をつかむため家族全員を居間に集めて家族会議を開き、聴込みを始めることになった。
　停電などの不測の事態に備えた「懐中電灯」が使えない大事件だ。その聴込みで次々と事実が明らかになる。真相はいかに？

演習課題「使えなかった懐中電灯」

お母さん：「お父さん、懐中電灯が点灯しないので調べてよ！」
お父さん：「お母さん電気に弱いからなぁ。スイッチ入れた？」
お母さん：「私だって、それぐらい知っているわよ！　お父さんが担当なんだからしっかりと調べてよ！」
お父さん：「あっ、そうか。とりあえず電池を変えてみるわ。あれ、電池が1個逆に入っているぞ。」
お母さん：「ちゃんと直しておいてよ！」
お父さん：「電池を正しく入れてみるわ。」
お父さん：「あっ！点灯したぞ。やはり電池が逆さか。お母さん、これぐらい気づいてよ」
お母さん：「私、誰も教えてくれないから……」とプンプン
お母さん：「そう言えば1週間前にお父さん使っていたよね。」
お父さん：「そうだ、暗かったので太郎に電池交換を頼んだよ。おーい。太郎、ちゃんと電池変えたか？」
太郎くん：「僕は次の日、手持ち電池2本だけあったから交換したよ。そして、点灯するかしっかり確認もしたよ！」
太郎くん：「その後、次郎が懐中電灯で遊んでいたよ。」
お父さん：「次郎、懐中電灯で遊んではダメじゃないか！」
次郎くん：「僕はちょっと使ったけど、ちゃんと点灯してたよ。」

第2章　まずは、「事実の深掘り」から始める

《その後の会話》
次郎くん：「そうだ！その後、おじいさんが持って行ったよ。」
おじいさん：「ラジオを聞こうと思ったら電池が切れ、買い置き電池もなかったので、懐中電灯から1個拝借したんだ。そして昨日新しい電池を買って戻したよ。どうもその時、確認しなかったようだ。」
お父さん：「電池の向きを示したシールがあったはずだが……」
おじいさん：「字が小さくて見えなかったし、昔使っていた懐中電灯と同じ向きだと思ったが……」
お父さん：「昔の型は＋を先に入れるのでやむを得ないか。」
太郎くん：「おじいさん、なぜ昨日電池を買って懐中電灯に入れたの？」
おじいさん：「ラジオ聞いていたら明日は激しい雷雨だということで、停電したら大変だと思ってな。」
お父さん：「そんな雷雨が発生すること言ってくれなきゃ……」
おじいさん：「どうせ私の話なんか聴いてくれないから……」
お父さん：「ところで、お母さん、電池を買っておいてよ。」
お母さん：「電池がなくなったなんて知らないわよ！太郎！電池がなくなったらきちんと言ってくれなきゃ！」
太郎くん：「ごめんなさい」
※太郎家では、誰かに頼まれたらお母さんが電池を購入していた。

【家族構成】

お父さん　お母さん　太郎（小6）　次郎（小2）　おじいさん

17-3　事実の流れをつかみ本質を明らかにする

(1) 技術的原因の解明

まず懐中電灯が不点灯となった技術的な原因を明確にする必要があり、今回は電気の専門家であるお父さんが故障診断を行いました。懐中電灯をよく調べた結果、今回の点灯しなかった技術的な原因は機器の故障でもなく、「電池1本が＋－逆に入れられていた」という想定外のヒューマンエラーであることが判明しました。

このように、職場で発生した問題事象の技術的な原因の解明には、技術を持った専門家の知識がなければ解明はできません。

(2) 出来事の流れの把握

ヒューマンエラーを分析するには、仕事の流れを洗い出し、それを元に因果関係を整理するとスムーズに導き出すことができます。誰がどのような行動をしたのか、流れを見えるように整理して、本来あるべき状態と対比することも重要となります。

今回、懐中電灯がどのとうに迂回し、「電池1本が＋－逆に入れられて不点灯に至ったか？」のいきさつを流れで整理してみました。

その結果、懐中電灯は"お父さん→太郎くん→次郎くん→おじいさん→お母さん"へと5人にバトンリレーされ、最後のお母さんが停電で使用した際に、全く点灯しない事態になりました。これで事件の概要が見えてきました。

また、このいきさつを「時系列事象関連図」で視覚化して問題行動を整理することで、懐中電灯が使えなくなった因果関係がより鮮明になってきます。

さらに、このように一連の流れからどの時点で気付くべきだったについて、「なぜなぜ分析」で明確にしていきます。

第2章 まずは、「事実の深掘り」から始める

技術原因と出来事の流れの把握

(1) 技術的原因の解明

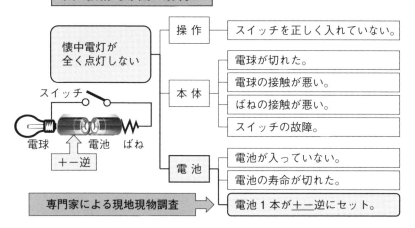

(2) 出来事の流れの把握

1) 懐中電灯はどのように迂回し、不点灯に至ったか？

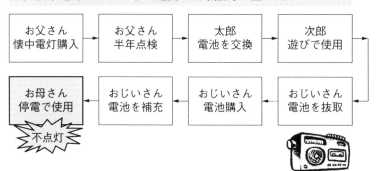

2) 懐中電灯が使えなくなった因果関係を明確にする。
　　⇒「5M1I調査まとめ」
　　⇒「時系列事象関連図」作成

17-4　事実を「時系列事象関連図」で図式化

　聴き込んだ情報は「5M1I調査表」を活用し、抜けのないようにメモを取りましょう。メモは5W1Hを基本に簡潔にまとめるよう心がけます。

　そして、この情報を基に「時系列事象関連図」を用いて問題の可視化を行います。このようにエラーに至るいきさつや状況を調べることで問題の構造がより鮮明になってきます。

事実の整理：なぜなぜ分析 5M1I調査表

5M1I		役割・内容	調査の結果
人 （Man）	お父さん	懐中電灯の管理	・半年前、非常用懐中電灯を購入。 ・7日前に懐中電灯を定期点検を実施した。 ・暗かったので太郎君に電池の交換を頼んだ。
	お母さん	電池購入	・電気に弱く、点検の仕方は知らない。 ・スイッチの入れ方は知っていた。
	太郎君	電池交換	・6日前に懐中電灯の電池を交換し、点灯確認した。 ・予備の置き電池がなくなった事は知っていた。
	次郎君		・懐中電灯で遊んだが、電池は外していない。 ・懐中電灯をおじいさんに渡した。
	おじいさん		・毎日ラジオを聞くのが楽しみ。 ・ラジオの電池切れで、懐中電灯から1個抜いた。 ・前日に新品電池を購入し、懐中電灯に入れた。 ・電池を入れた後の点灯確認の記憶はない。 ⇒点灯しない事実から確認はしていない。
Machine （設備）		懐中電灯	・半年前にお父さんが停電など非常時用に購入。 ・押入れに保管していた。
Method （方法、標準類）		取扱い説明書 識別表示	・半年毎の定期点検は決められていた。 ・懐中電灯に電池＋－の向きシールあり。
Material （材料）		電池	・電池の在庫は、懐中電灯の交換でなくなった。 ・電池の保管場所は特に決められていない。 ・電池は、お母さんが頼まれたら購入していた。
Information （情報）		雷情報 電池在庫	・おじいさんはラジオの天気予報で雷情報を得ていた。 ・家族は雷情報を知らない。 ・電池の在庫がないことが伝えられていない。

第2章 まずは、「事実の深掘り」から始める

事実の深掘り：「使えなかった懐中電灯」

≪時系列事象関連図≫

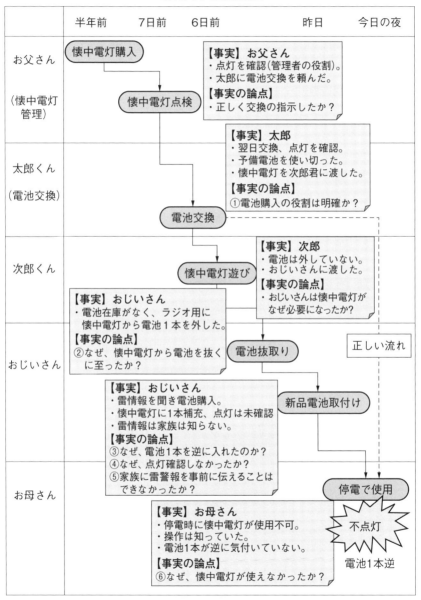

17-5　問題事象と分析課題の見極め

(1) 問題の整理
まず、「時系列事象関連図」で明らかになった論点を精査し、問題となる事象を番号順に整理を行います。この整理を行うことで問題事象や分析課題が明確になり、以下の分析をスムーズに進めることになります。

(2) 問題事象の抽出
ここで注意することは、「なぜなぜ分析」を行うに当たり、「発生面」と「管理面」の両面について、それぞれの問題事象と分析課題をしっかりと見極め、具体的に表現することが良い分析につながります。

①発生面（直接的な面、作り込んだ）
「懐中電灯が点灯しなかったこと」に関与したのは、太郎くんや次郎くんではなく、おじいさんであることが解明されたため、問題事象は「おじいさんが懐中電灯の電池1本を＋－逆に入れた」ことにある人為的エラーと見極めることができます。

②管理面（仕組みの欠陥、未然に防げなかった）
非常用に備えたはずの懐中電灯を停電で使用できなかったため、問題事象を「お母さんは、非常用に備えた懐中電灯が使えなかった」としました。「非常用に備えた懐中電灯が機能しなかった仕組みの欠陥を解明し再発防止する」こととし、次に「なぜなぜ分析」で管理原因を掘り下げます。

(3) 分析課題の設定
①発生面（直接的な面、作り込んだ）
「電池1本を逆に入れた因果関係を解明し、再発防止する」ことであり、「なぜなぜ分析」で発生要因を掘り下げ、1つひとつ検証していかなければなりません。

②管理面（仕組みの欠陥、未然に防げなかった）
「非常用に備えた懐中電灯が機能しなかった仕組みの欠陥を解明し再発防止する」こととし、次に「なぜなぜ分析」で管理原因を掘り下げます。

なお、「使えなかった懐中電灯」の「なぜなぜ分析」は、第3章21節～23節で詳しく解説します。

第2章　まずは、「事実の深掘り」から始める

分析課題の設定：「使えなかった懐中電灯」

(1) 問題の整理
① 電池購入の役割は明確か？
② おじいさんはなぜ、懐中電灯から電池を抜いたのか？
③ おじいさんはなぜ、電池1本を逆に入れたのか？
④ おじいさんはなぜ、点灯確認をしなかったか？
⑤ 家族に雷警報を事前に伝えることはできなかったか？
⑥ 停電の非常時、懐中電灯がなぜ使えなかった？

(2) 問題事象の抽出

①発生面
＜直接的な面＞
＜作り込んだ＞

おじいさんが、懐中電灯の電池1本を＋－逆に入れた。

②管理面
＜仕組みの欠陥＞
＜防げなかった＞

お母さんは、非常用に備えた懐中電灯が使えなかった。

(3) 分析課題の設定

電池1本を逆に入れた因果関係を解明。

・懐中電灯から電池を抜いた。
・電池を入れる時、間違えた。

非常用に備えた懐中電灯が機能しなかった仕組みの欠陥を解明。

・懐中電灯は常に使える状態か。
・停電への備えはできていたか。

①発生原因
なぜなぜ分析

②管理原因
なぜなぜ分析

≪要点≫
・ヒューマンエラーの問題事象は人物を主語に設定する。
・発生面と管理面に分け課題を決め、「なぜなぜ分析」に当たる。

第3章

「なぜなぜ分析」
効果的な掘り下げのポイント

18 「なぜなぜ分析」のイメージ

想定（事象に対する仮説）と事実検証で絞り込む

「なぜなぜ分析」では、「時系列事象関連図」で捉えた問題事象に対して、背後に潜む要因を探り出し、どのように問題事象が誘発されたかを事実関係から洗い出すことになります。

そして、分析する問題事象に対して、「なぜ？」の問いの検証に入ります。しかし、いきなり「なぜ？」の問いに対して的確な事実を考えることは、よほど手慣れていない限り大変難しい作業となります。本書では「事象に対する仮説」を「想定」と定義し、質問文でわかりやすく表現することを進めています。

そして、問題事象を誘発している要因は多岐にわたり複雑に絡んでいるので、次のようなイメージで分析を進めます。

a）エラーに至る要因を想定⇒要因ごとに枝を分岐する。
b）事実による要因の検証⇒事実で裏付けされ打ち切った結果、枝が減る。
c）最終的な真因（根本原因）を確定⇒対策を立案する。

ここで注意することは、「要因の想定」とは、あくまでも事実で裏付けされた仮説であり、意味をもたない思い込みは排除しなければなりません。

さらに、抜けなく背後要因を挙げ事実検証を繰り返して最後まで分析が到達したら、全体を観察し飛越しなど不都合がないか精査します。

挙げられた最後の要因を問題事象まで「～だから」と後ろから逆戻りし、論理的に間違っていないか検証してみましょう。

---

①網羅性：先入観を捨て、想定される原因を洩れダブリなく洗い出す。
②論理性：「なぜ」の問いを繰り返し、問題の構造や因果関係を掘り下げる。
③納得性：「なぜ」の問いに対して、現地現物から事実で裏づける。

第3章 「なぜなぜ分析」効果的な掘り下げのポイント

「なぜなぜ分析」の全体イメージ

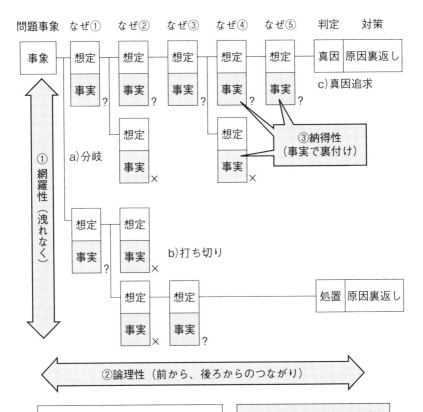

 ≪要点≫
・仕事のプロセスやマネジメント問題を対象とする。
・問いに対し、「裏付けあり」の場合は、それ以降は問わない。
・飛躍しすぎている箇所があれば、背後要因を再度見直す。

「なぜなぜ分析」の基本手順

ブレーンストーミング法による根本原因の追究

「なぜなぜ分析」においても同じ要領で付箋紙を使い、事実の深掘りで設定した問題事象について原因の分析を行っていきます。この時、発生面（作り込んだ）と管理面（見逃した）の分析はシートを分けて行います。

分析の全体的な進め方は次の通りです。

①**問題事象**：「なぜなぜ分析」の事象を記入する。
・「発生原因」⇒「管理原因」の順で個別に分析を進める。
・トラブルの現象から何が問題であるかを正しく表現する。

②**分析課題**：明確化した分析課題を記入する。
・「事実の深掘り」の要点を再確認し、進め方を共有する。
・分析の範囲や攻め処を明確にする。

③**なぜなぜ分析**：問題事象への「想定の問い」と対応する「事実の掘り下げ」。
・問題事象を文章表現化し、付箋に記載し貼り付ける。
・付箋は、上段に【想定】「なぜの問い」、下側へ【事実】「なぜに対し、深掘りで得た事実」を記入する。
・【判定】欄には、事実の裏付有は「×」を付けて、以降は分析を打ち切り、さらに疑問が残る場合は「？」を付けて継続し、「なぜ2」〜「なぜ5」へ繰り返し分析を行う。

④**問題点**：現地現物で検証し、問題を見極め記入する。
・問題事象につながる原因を特定し、問題を整理する。
・再発防止が不可欠な真の原因を特定する。

⑤**対策**：問題の原因に対して適切な改善策を講ずる。
・「人はミスを犯すもの」を前提にミスを誘発しにくい工夫をする。
・実行可能な改善策を選定する（実効性、費用対効果、影響度）。

第3章 「なぜなぜ分析」効果的な掘り下げのポイント

手際の良い「なぜなぜ分析」のコツ

分析の道具

・A2サイズ相当の分析シートを用意する。
・フセン（W50×L75）に書き込み討議し、確定したら清書する。

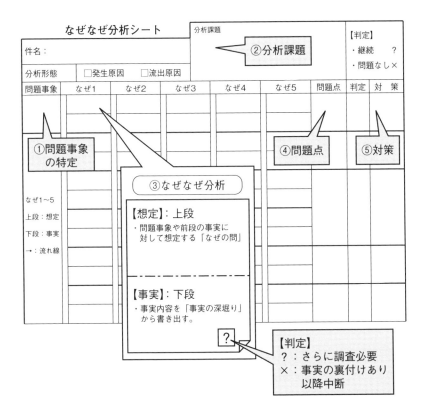

《要点》
・主語を明確にし、分析対象を具体化する。
・個人の責任追及でなく、組織に目を向け問題解決を進める。
・見逃したミスは「気付きにくかった」まで掘り下げる。

「なぜなぜ」を打ち切る際の目安

分析途中で事実に符合しているか検証する

(1) 分析進行上のポイント

「なぜなぜ分析」では、事実の追及の「なぜ？」の問いに対して多面的に考えて事実を引き出す必要があります。分析進行する上で推進リーダーはファシリテーターとして適切な質問に心がけ、正しい事実を導き出すために次の3点を注意して進めることが大切となります。

①**因果思考**：全体の関りが理解しやすいように時系列事象の流れを可視化。
②**主体的意識**：参加者全員が自分主体で考える（視座を変える）。
③**プロセス重視**：意識ではなく、なぜその行動を取ったかに焦点を当てる。

言うまでもありませんが、「なぜなぜ分析」の対象は仕事の進め方や管理システムの欠陥の解明にあるため、技術的なメカニズムや原因については事前に専門家の間でクリアしておくことが必須となります。

(2) 「なぜなぜ」を打ち切る目安

「なぜなぜ分析」では質問と事実の回答を、5回を目途に繰り返すことが基本となりますが、全てに5回出す必要はなく、3回で行き届き全員が納得すれば無理に続ける必要はありません。逆に無理に続けると、同じようなことの繰り返しが発散するだけで意味がありません。

次頁に示すような場合は、無理に続けても結果が得られないことが多く、一旦打ち切り、別途、場の雰囲気を変えて仕切り直した方が上手くいくことがあります。この時、推進リーダーは単に再開するのではなく、上手くいかなかった点を吟味し、事前に進め方を再考しておく必要があります。そして大切なことは、中途半端に終わらず確実に納得いくまでやり切ることにも意味があります。

「なぜなぜ」を進めるポイント

(1) 分析進行上のポイント

☆的確な分析観点で気付きを与える。
☆技術原因は専門家を交えて事前に明確にしておく。

①因果思考	②主体的意識	③プロセス重視
・事実主体で検証 ・事象、行動からの探索 ・客観的な視点 ☆時系列事象の流れ化	・発散の防止 ・ネガティブ思考抑制 ・全員発言の配慮 ☆自分主体で考える	・多面的な現状把握 ・論理的に考える ・具体策を引き出す ☆行動に焦点を当てる

(2) 「なぜなぜ」を打ち切る目安

☆5回を目途に「なぜ？」を繰り返すが、全て5回出す必要はない

①質問を促し、2分経っても事実が立証できない。
②立場や見方を変えても議論が弾まない(視座、視点)。
③質問や回答に推測や言い訳、雑談が混じってきた。
④「行動理由」が当事者自身、説明できない時はやめる。
⑤質問が出ない時は、1つ前の事実の回答に戻り再検証する。

別途、場の雰囲気を変え仕切り直し、必ずやり切る。

≪要点≫
・技術的な原因は事前に解決しておく。
・いろいろな見方（立場や観点）の想定（仮説）を試みる。
・想定質問や事実回答が出ない場合、無理に続けない。

21 事例演習による具体的展開
《発生面の「なぜなぜ分析」》
不具合事象に至った直接原因の分析

　まず、発生面での「なぜなぜ分析」に着手します。発生面の「なぜなぜ分析」は、当事者と関係者を主体で進行を促し、リーダーは支援に回るのが良いでしょう。

（1）**問題の整理**：因果関係の整理

　まず、問題発生の流れの整理を行います。事実の深掘りから明確になった特定した問題点を起点に取った行動について遡ります。懐中電灯が点灯しなかった事例では、「お母さんは停電時、懐中電灯を点灯できなかった」→「おじいさんが懐中電灯の電池1本を＋－逆に入れた」→「おじいさんが懐中電灯から電池を抜いた」となり、全員でこれを共有し進めます。

（2）**問題事象の抽出**：時系列事象関連図のまとめから明確になった事象

　分析を進める事象はよく吟味し、具体的でなくてはなりません。ここでは人物を主語として、「おじいさんが懐中電灯の電池1本を＋－逆に入れた」となります。事実の深掘りで、おじいさんが間違え関わったことは明らかになっており、ここではその背景要因を追及して「なぜ、その行動に至ったか」を論理的に整理しながら分析を進めることが懸命と考えます。「おじいさんが懐中電灯から電池を抜き、5日後、電池を購入して入れる行為をしなければ事件は起きなかった」ことになります。

（3）**分析課題の設定**：「なぜなぜ分析」でこれから明らかにすべき事項

　そして課題設定を行い「なぜなぜ分析」に入ります。そもそも「おじいさんが懐中電灯から電池を抜いたこと」と「おじいさんが電池1本＋－極を間違えて入れたこと」の2点について、「本来やる必要のない行動をした背後には何があったのか？」、想定（仮説）を立てながら立証していきます。ここをはっきりさせないと本質的な解決につながらないと考えます。ただし、言うまでもありませんが、おじいさんへの責任追及ではありません。

不具合現象に至った直接原因の分析

☆懐中電灯が点灯しなかった直接原因

(1) 問題の整理　問題発生の流れ（因果関係）

| おじいさんが、懐中電灯から電池を抜いた。 | → | おじいさんが、懐中電灯の電池1本を＋－逆に入れた。 | → | お母さんは停電時、懐中電灯を点灯できなかった。 |

電池を逆に入れた。

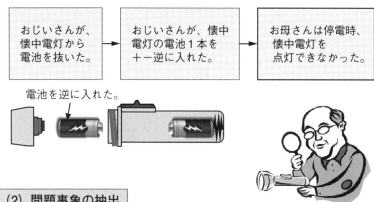

(2) 問題事象の抽出

おじいさんが懐中電灯の電池1本を＋－逆に入れた。

(3) 分析課題の設定　「なぜなぜ分析」で明らかにすべき事項

電池1本を逆に入れた因果関係を解明
① 懐中電灯から電池を抜いた。
② 電池を入れる時に1本＋－極を間違えた。

≪要点≫
・問題発生の流れを明確にし、背後要因を特定する。
・問題事象は根本的な要因を挙げる。
・問題事象は「誰が、どうした」を短文で表現する。

「最初のなぜ？」と「掘り下げ」の秘訣

エラーを起こしてしまうのは人の基本特性

　人のエラーは一連の人間行動により意図しない結果をもたらします。効率を優先させ想定範囲を超えた行動をとり、エラーを誘発してしまいます。事実の深掘りから抽出された問題事象に対して、どのようにしてエラーを誘発されたかについて「なぜ？」「なぜ？」と順を追って検証することが大切です。

　セミナー受講者から、いつも最初の「なぜ？」でつまずき、うまく進むことができないとの声が多く、この部分について事例で詳しく解説します。

　懐中電灯の事例では、「おじいさんが懐中電灯の電池１本を＋－逆に入れた」ことを問題事象としているため、「電池の極を１本だけ間違えた根本的な要因」について、その行動を問うこととしました。そこで、「おじいさんは、なぜ懐中電灯に電池を入れたか？」を最初に想定した問い（なぜ？）と設定することとしました。その問いに対する事実は、「懐中電灯から電池を一時的に外していたので入れた」ことです。

　このように、おじいさんは通常、懐中電灯に関わる必要もないのに、どのような因果関係で起きたのか明確にする必要があります。しかし、間違いやエラーを起してしまうと、その原因を「おじいさんの注意力の問題」と捉えがちになりますが、実はエラーを誘発した「仕組みや情報、モノ」に問題があり、それらを踏まえた分析姿勢が大切となります。

　引続き第２ステップ以降の掘り下げに入ります。第２ステップの問いは、「おじいさんは、なぜ電池を入れる時に方向を間違えたか？」と「おじいさんは、なぜ懐中電灯から電池を外したか？」の２つの問いに分岐して進めます。「電池を外す行為」と「入れる行為」には、背後の要因がそれぞれ異なるため分岐を行います。さらに第３ステップ以降を順次進め、問題点を抽出します。そして順次、逆さ読みして論理的につながっているかを検証し、筋道の歪みを正しながら事実を表現していきます。

第3章 「なぜなぜ分析」効果的な掘り下げのポイント

「最初のなぜ」の重要ポイント

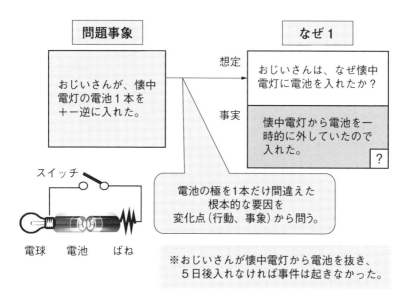

※おじいさんが懐中電灯から電池を抜き、
　5日後入れなければ事件は起きなかった。

第2ステップの掘り下げ

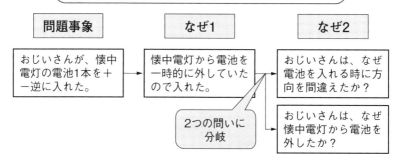

≪要点≫

・「問題事象」に対する疑問を想定。
・上段へ事象への「なぜ」の問い、下段は事実を記入。
・第1ステップの「なぜ1」は、根本的な要因を記入
　（エラーにつながる直接的な行動や事象）。
・特に5M1Iの変化点について洗い出す。

発生原因の「なぜなぜ分析」

第1ステップ〜第2ステップの進め方（想定－事実）

問題事象	なぜ1	なぜ2
おじいさんが、懐中電灯の電池1本を＋－逆に入れた。	おじいさんは、なぜ懐中電灯に、電池を入れたか？ 懐中電灯から電池を一時的に外していたので入れた。	おじいさんは、なぜ電池を入れる時に方向を間違えたか？ 電池を入れる向きが、旧タイプの懐中電灯と同じと判断した。

電池の極を1本だけ間違えた根本的な要因を変化点（行動、事象）から問う。

上段：問題事象への問い
下段：事実の行動、事象

さらに掘り下げる

おじいさんは、なぜ懐中電灯から電池を外したか？
ラジオを聞くのに電池在庫がなく、懐中電灯から外した。

②電池1本を逆に入れた

①電池1本を外し、ラジオに使用

第3章 「なぜなぜ分析」効果的な掘り下げのポイント

```
┌─────────────────────────────────┐
│ 第3ステップ以降の掘り下げ ⇒ 原因特定 │
└─────────────────────────────────┘
```

なぜ3	なぜ4	なぜ5	問題点
おじいさんは、なぜ電池方向に気付けなかったか？ / 視力の衰えで電池方向シールの文字が見にくかった。?		気付けなかった。（点線）	気付きやすい配慮がなかった。
おじいさんは、電池セット後に点灯確認はしたか？ / 正しいと思い込み確認しなかった。?	おじいさんは、なぜ確認をしなかったか？ / 正しいと思い込み普段から確認していなかった。?	やるべきことをやらなかった省略行為（点線）	作業後の確認が習慣にできていない。
電池の在庫は、なぜなくなったか？ / 太郎君が懐中電灯の電池交換で使い切った。?	在庫切れした電池をなぜ補充しなかったのか？ / お母さんに欠品情報が伝わらなかった。?	お母さんに、なぜ欠品情報が伝わらなかったか？ / 電池購入判断が各自に委ねられていた。? 基準の欠陥（点線）	電池購入を判断する基準がない。 **真因**
なぜ、懐中電灯から電池を外そうと判断したか？ / 次郎君が遊んでおり、抜いても問題ないと判断した。?	なぜ、問題と気付けなかったか？ / 非常用との判断できる状態になかった。?	気付けなかった管理状態にない。（点線）	非常用懐中電灯の管理があいまい

事例演習による具体的展開
《管理面の「なぜなぜ分析」》
「未然に防げなかった」仕組みの欠陥を分析

　続いて「未然に防げなかった」仕組みの欠陥について、分析で明らかにします。流出面（管理システム）での問題は、様々な複合要因が重なった時に仕組みが機能せずに起きてしまい、明らかに管理上の問題となります。

　(1) 問題の整理：背後要因の構造を整理
　「懐中電灯が使えなかった」のは、「雷雨により突発停電になった」ことに加え、「お母さんは懐中電灯の点検保守が苦手」、さらに「お母さんが１人で留守番していた」の３つの条件が揃って成立します。つまり、急な停電になっても、お母さんが懐中電灯を復帰できれば、あるいは家族の誰かがいれば問題は発生しないわけです。このように、いかなる状況になろうとも「未然に防ぐ仕組み」がしっかりと機能していれば、非常時に点灯しない問題に発展することはなかったことになります。

　(2) 問題事象の抽出：時系列事象関連図のまとめから明確になった事象
　懐中電灯は非常用に設置したもので、「停電に備えた懐中電灯をお母さんは使えなかった」ことが重要な問題事象に当たり、この事象に対して「なぜなぜ分析」を展開します。

　(3) 分析課題の設定：「なぜなぜ分析」でこれから明らかにすべき事項
　非常用に備えたはずの機器が、いざ使いたい時に機能しなかったことは極めて深刻な事態です。
　今回の事例でも不測の事態に備えた懐中電灯が急な停電で使うことができなかった管理の仕組みの欠陥を明確にします。そこで分析課題を「お母さんは、非常用に備えた懐中電灯を使えなかった」と設定し、常に使える状態にしておくことを念頭に、次に「なぜなぜ分析」に当たります。

第3章 「なぜなぜ分析」効果的な掘り下げのポイント

未然に防げなかった管理原因の分析

☆非常時に懐中電灯が使えなかった管理面（背後要因の整理）

(1) 問題の整理　　問題発生のいきさつ

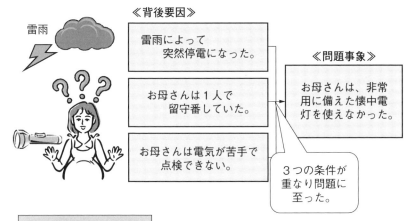

(2) 問題事象の抽出

お母さんは、非常用に備えた懐中電灯を使えなかった。

(3) 分析課題の設定　　「なぜなぜ分析」で明らかにすべき事項

非常用に備えた懐中電灯が機能しなかった仕組みの欠陥を解明
・突発停電へ備え、常に懐中電灯は使える状態にしておく。

≪要点≫
・分析前に、問題の背後要因について関わりを整理する。
・「エラーを防ぐ仕組み」や「事前の備え」など、立場など視座を変えて課題を洗い出す。

(4) 管理原因の「なぜなぜ分析」

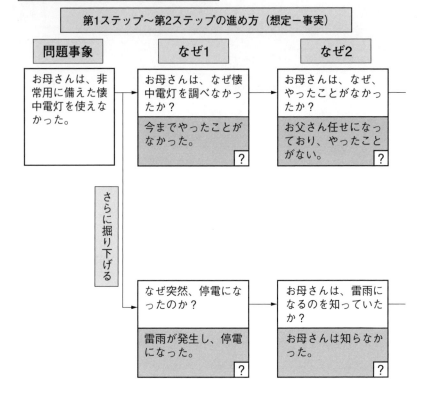

(4) **なぜなぜ分析**：防げなかった管理原因の分析

　問題事象として挙げた「お母さんは、非常用に備えた懐中電灯を使えなかった」に対する背後要因を分岐し、「お母さんは、なぜ懐中電灯を調べなかったか？」と「なぜ突然、停電になったのか？」の2つの問いについて掘り下げます。そして、「問題を防ぐ仕組み」や「事前の備え」などの管理面での欠陥について検証していきます。

第3章 「なぜなぜ分析」効果的な掘り下げのポイント

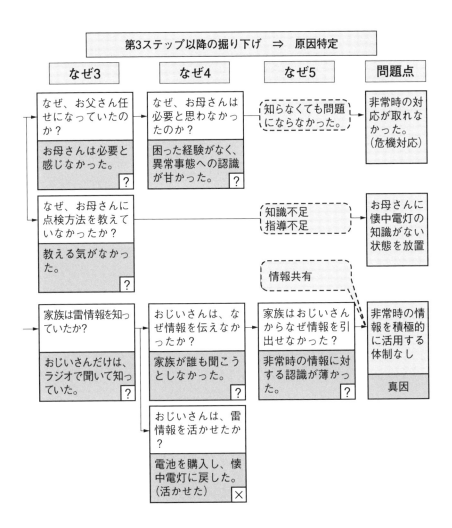

≪要点≫
・行き詰まったら前段階の事実表現を見直す。
・仕組みの欠陥や事前の備え（リスク管理）面で掘り下げる。

第4章

真因対策と再発防止への展開法

効果的な再発防止策の検討

対策はハード頼みだけでなく作業環境カイゼンから

再発防止が上手くいかない原因は、主に次の4つが考えられます。
①原因分析が不十分で、根本的原因の追求ができていない
②対策内容に不備があり、十分な効果が得られない
③実行段階での訓練やルール啓発不足により、期待した対策効果が出ない
④対策内容が関係部署に十分周知されていなかった。

そのためにも「なぜなぜ分析」を活用し、的確な再発防止策を導き、変化に強い職場へとカイゼンする必要があります。同じ問題が二度と起きないよう組織力を駆使し、仕事のやり方について問題提起することになります。

効果的な再発防止を実行するには、組織を柔軟に運営する行動力が極めて大切となり、管理者のリーダーシップ力が結果を左右していきます。そのためにも、エラーに至った仕事の進め方を事実に基づき根本原因を追究して、その根本原因に対して的確な再発防止策を打つことが求められます。

的確な再発防止は、「エラープルーフ化の原理」に従い改善を行います。
①問題が二度と起こらないようする。
②問題が大きくなる前に気付かせ、拡大を抑える。

仕事の方法を工夫することで人の特性に合った仕事のやり方に変えていくことです。エラーを起こしにくい、万が一起こしても気付きやすい仕組みや被害が拡大しないよう事前に備えを取っておきます。

エラープルーフ化
　人的エラーを防ぐ目的で、仕事を構成する人以外の要素である設備、文書、手順などの「作業方法」を人に合うように改善すること。

第４章　真因対策と再発防止への展開法

効果的な再発防止策

(1) 再発防止の三要素

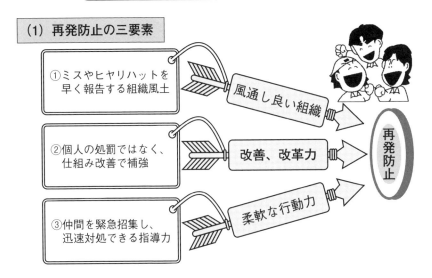

(2) エラープルーフ化による再発防止策

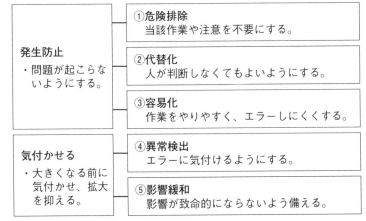

参考文献
中条武志：人に起因するトラブル・事故の未然防止とRCA、日本規格協会（2010）、p.46

《要点》
・プロセス面やマネジメント面の再発防止策を織り込む。
・問題解決だけではなく、組織を強くすることが真の目的。

効果的な対策発想の手順

技術面、発生面、流出面に対して効果な改善策を練る

「なぜなぜ分析」により問題事象の本質追及で明らかになった原因に対して、効果的な対策を実施する必要があります。対策を考える過程で、表面的なやりやすさを優先し、安易に対策を考えてしまいます。再発を許さない効果的な対策を複数発想し、その中から最適な対策案を実行していきます。また、対策の立案に当たっては事前にリスクを想定し、対応策を事前検討して置くことも考えなければなりません。

対策の実行は、次の手順で進めていきます。
①**問題点、原因の整理**：「なぜなぜ分析」からの問題点を整理
②**根本原因の特定**：問題発生に大きく影響している原因を特定
③**対策案の洗い出し**：原因を解消できる有効な対策案を発想
④**最適な対策案を決定**：効果性、実効性などの評価項目で選定
⑤**実行計画の策定**：対策日程と担当決め

このステップがしっかりと踏めていれば、問題が起きた原因を整理でき、理解しやすくなります。また、原因には次の3つがあり、それぞれの問題を整理し、その原因を解決するための手段について具体的な対策案を展開していきます。

①**技術面**（メカニズム）
②**発生面**（作りこみ原因）
③**管理面**（見逃し原因）

対策の立案においては、23節で紹介したエラープルーフの「発生しにくく」「間違いに気付かせる」を柱に複数の対応策を考えます。この5つのエラープルーフの対策パターンを理解しておくことで「なぜなぜ分析」を正しく導くことにもつながります。

第4章 真因対策と再発防止への展開法

効果的な対策発想

(1) 対策まとめのフレームワーク例

区分：根本対策、処置

	問題点	原因	区分	対策	担当	期日
技術面						
発生面						
管理面						

【3つの原因の全てに手を打つ】
① 技術原因（メカニズム解明）
② 発生原因（作り込み原因）
③ 管理原因（見逃し原因、組織原因）

(2) エラープルーフ5つの原理による対策例

対策の発想ステップ		対策例
原理1「排除」	当該作業や注意を不要にする。	・類似エラーを確実に横展開し、予防策を講じる。 ・属人化を排除し手順化、ルール化する。
原理2「代替化」	人が判断しなくてもよいようにする。	・部品取りの順序をランプで指示し、間違い防止する。 ・作業の手順の一覧表で確認する。
原理3「容易化」	作業をやりやすくし、エラーしにくくする。	・理屈を教えて、やり方を訓練する。 ・規則遵守の啓発活動や指導を行う。
原理4「異常検出」	エラーに気付けるようにする。	・日常点検での確認が見える工夫を施す。 ・員数合わせを事前行い、終了時残りの有無を確認する。
原理5「影響緩和」	影響が致命的にならないよう備える。	・チーム力を生かし、後工程と相互に確認し合う。 ・エラーの影響を要領書に入れ注意喚起する。

≪要点≫
・「人はエラーをする」を前提に対策を発想する。
・経験に頼らず、エラープルーフの原理を基に対策を考える。

26 カイゼンの具現化と評価

人の不適切な3タイプの行動と効果的な再発防止

　多くの企業においては、日々の業務を繰り返す中でノウハウが蓄積され、作業要領書や手順書などの「標準」によって明文化されています。しかし、実際に起きたトラブルを調べてみると、ある理由の元に標準と異なる行動を取ってしまう場合がほとんどを占めており、発生防止や検知ができず、再発に至った例が少なくありません。このような不適切な行動の原因は3つに分類することができます。

　①**能力不足**：標準を知らなかった。標準通り行う能力がなかった。
　②**過失**：ついうっかり間違えた。忘れてしまった。思い込み、勘違い。
　③**故意**：たぶん大丈夫だろうと意図的に標準を守らなかった。

　「なぜなぜ分析」において抽出した原因に対して、「4E対策分類表」を参考に原因に則した対策を導き出します。1要因につき1つの対策を当てはめ、検証し確定します。そのため、対策が適正に機能することが重要となり、それぞれ4Eの観点から対応策を立案する必要があります。

　そして対策ができたら、そのカイゼンの効果や、新たな問題はないかをカイゼンを検証するとともに、メンバーに参画を促し相互で確認し合い、納得性を高めることをしないと、また元に戻り同じことを繰返す可能性のあることも忘れてはなりません。

《カイゼンの検証》
・効果：対策がどの程度効果があるか。
・コスト：どれだけのお金が掛けられるか、費用対コストの検証を行う。
・継続性：日常業務の中で、確実に維持していけるか。
・リスク：カイゼンすることで新たな不具合は発生しないか

第4章　真因対策と再発防止への展開法

カイゼンの具現化（人のエラー是正）

≪4E対策分類表≫

		発生原因による分類		
		①能力不足 標準を知らない 無知/経験不足	②過失 ついうっかり 誤認識/錯誤	③故意 たぶん大丈夫だろう 近道行為/手抜き
是正のための4E	Education 教育・訓練	・知識教育 ・実技訓練	・実技訓練 ・意識教育	・意識教育 ・モラルの向上 ・危険体験
	Example 模範・事例	・模範を示す ・トラブル事例 ・技術情報	・事例紹介 ・水平展開	・注意喚起 ・対策相互発表会
	Enforcement 強化・徹底	・手順の設定 ・規定の制定 ・業務の定型化	・業務内容適正化 ・基準化、標準化 ・注意喚起	・管理強化 ・危険予知訓練 ・遵守の確認
	Engineering 技術・工学 ※最終手段	・機器の改善 ・簡素化 ・容易化	・警報、表示 ・ポカヨケ強化	・安全多重化機構 ・フェールセーフ化 ・インターロック

≪要点≫

①対策ありきで進めない。
　・対策案が出ない場合、無理に決めず、別途再協議する。
②新たなルールや仕組みは極力作らない。
　・マネジメントやプロセス面での工夫を行う。
③ハード対策は最後の手段。
　・仕事の進め方を重視し、知恵やチームワークを深める。

人のエラーに対する対策のコツ

人間行動の原則に沿って対策を進める

　人は、誰でもいつかエラーを犯してしまいます。大切な物をなくしたり、アクセルとブレーキを踏み間違えたり、信号を見落としてヒヤリとしたり、日常生活で無意識にエラーを起すことが多々あります。また、熟練している慣れた作業でも、「途中に話し掛けられる」、「考え事をしている」状況では、その発生の危険性は増大してしまいます。

　人のエラーにおいては「人間行動のプロセス」での認知の段階で起きてしまったミスなのか、判断のミスなのか、行動のミスなのか、をよく見極めることが大切となります。エラーの発生原因を分類し、エラーの事例と対策を紹介します。

　また、人のエラーと問題の関係について、次の3原則を念頭に対策を考えていきます。

①人は、誰でもエラーを犯す。
②問題発生は、一つのエラーだけでは起こることはない（深層防護から）。
③エラーをゼロにはできないが、発生頻度やエラーの影響は減少できる。

　しかし、全てにそのような対策を取るには限界もあり、人の意識に訴える対策を打つ場面が多々あります。エラーに対する啓発や教育、訓練など意識の持ち方に頼ることも大切となります。

　さらに、決めた手順や規則が確実に守られているかについて定期的に確認することも有効な手段となります。事実上、形骸化していては何の意味もありません。また、仕事を教える時に「その行動を取らないと、どのような不具合になるのか？」について確認を求めることも有効な手段です。当事者自身はエラーであることにほとんど気付かない場合が多く、この質問がエラーを気付かせる有効な手法となります。

第4章　真因対策と再発防止への展開法

人のエラーに対する対策のコツ

≪人間行動におけるエラー発生段階≫

認知		判断		行動		エラー問題
・知る ・情報入手 ・指示受取り	⇒	・AかBか判断する ・判断しずらい ・あいまい	⇒	・うっかり ・思い込み ・勘違い	⇒	

エラーの種類	具体的な例	エラー発生段階			対応策
		認知	判断	行動	
間違えた	～と言い間違えた。	×			・指示の仕方（確認） ・指示の受け方（復唱）
	～と聞き間違えた。	×			
	AとBを見間違えた。（誤認識）		×		・気付きやすさ（再確認） ・識別、層別の強化
	AとBを取り間違えた。（うっかり、思い込み）			×	・確認の仕方 ・仕組みの補強
やらなかった	やり方がわからない。	×			・指導の仕方 ・動機付けの仕方
	やらなくてもよいと判断した（あいまい）。		×		・やる理由の明記 ・やらない悪さを強調
	やりにくい、できない。			×	・やりやすい手順化 ・訓練の仕方を変える
気付かなかった	～しなくても問題にならなかった（不備）。		×		・気付きやすくする ・ポイントの明記
気付けなかった	～しなくても困らなかった。			×	・やれない仕組みに変更 ・やる理由の明記
	～に気付きにくかった（勘違い）。			×	・見える工夫をする ・気付きやすくする

≪要点≫
・エラーは人間行動のどの段階で起きたかを明確する。
・原因の中で最も根本的なことが真因（根本原因）である。

確実な横展開の実施

個別対策、横展開、仕組み改善の3段階で防止する

　エラー防止の特効薬はありません。問題解決活動から学んだことを着実に、かつ継続することが重要です。そのためには、「なぜなぜ分析」で明らかになった根本的原因の再発防止策へと結びつけていきます。再発防止とは、問題に至る仕事の仕組みや未然防止のプロセスにおける原因を明確にして、二度と同じ原因で問題を起こさないことを基本に対策を考えます。

　再発防止はその展開の仕方で、①個別対策、②横展開、③仕組み改善の3段階に分類することができます。

　①**個別対策**：固有原因を明確にし、再発防止の処置を行う。

　直接エラーにつながった固有の発生原因と管理原因に対して、二度と発生しないように再発防止し、歯止めの処置を行い技術蓄積に役立てます。

　②**横展開**：類似工程への横断的な展開を行い、同要因の問題を出さない。

　効果のあった対策について、他の類似職場へ横断的に展開を検討し、活用することです。問題から学んだ対策の効果を一過性で終わらせず維持改善させることで、強い職場体質をつくることにつながります。

　また、学んだことを横展開して他の職場で再利用し類似問題の早期発見や解決へのスピードを加速させることで、問題の未然防止を図ることにもつながります。

　③**仕組み改善**：仕事の仕組みやプロセス欠陥に言及し、根本原因を断つ。

　仕事を行う上での事前検討や確認ステップの仕組みに対してさらに磨きをかけエラーを起しにくくカイゼンすることで、具体的には

　・作業標準や技術標準などの標準類へ反映する

　・仕事がしやすくなるよう教育訓練における指導の仕方を工夫する

　・設備保守の仕方や品質レビューの運営方法を見直す

などのカイゼンを行い、仕組みとして定着することが大切となります。

第 4 章 真因対策と再発防止への展開法

横展開の重要ポイント

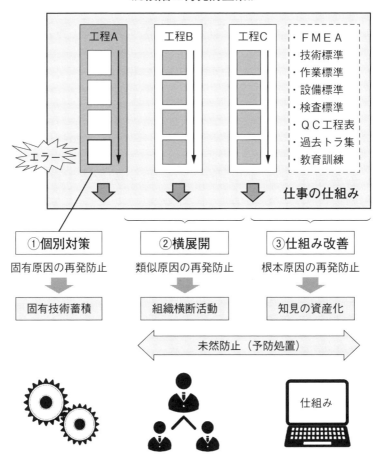

≪要点≫
・仕事の進め方のノウハウを標準化し、組織活用を行う。
・類似原因が起きないよう点検項目を決め、横展開を行う。
・仕事の仕組み上の本質原因に対し補強活用を支援する。

事例演習による具体的展開《再発防止策》

3段階による再発防止策を多面的に考える

「使えなかった懐中電灯」の事例を振り返ってみましょう。

「おじいさんが懐中電灯の電池1本を＋－逆に入れた」ポカミスを背景に、さらに運の悪いことに、お母さんが1人留守番していた夜に停電となり、「懐中電灯が使えず不安な思いをした」状況でした。

懐中電灯の管理者であるお父さんの奮闘で、点灯しない技術面の原因は、「電池1本が＋－逆にセットされていた」ことも明確になり、復旧することができました。さらに、家族から聴き込んだ情報を基に「なぜなぜ分析」から問題とその原因を明確にすることが出来ました。

ここでは、3つの原因に対して二度と繰り返さないように対策案を考えます。対策を考える場合、自分の経験や知識を基準として安易に考えてしまいます。対策立案に当たっては多様な人材からの視点による発想が有効となります。また、一方的に決めず、当事者や関係者からの自発的な対策を引き出すのもリーダーの大切な役割となります。これは、対策の継続性の意味でも、やらされ感がないように配慮することにもつながります。

今回の事件をきっかけに、太郎家のコミュニケーション不足から起きた問題も解消し、明るく楽しい家族となることでしょう。

第4章 真因対策と再発防止への展開法

原因と対策例:「使えなかった懐中電灯」

	問 題 点	原 因	区分	対 策	期日
技術面	懐中電灯が点灯しない。	電池1本の＋－極を逆にセットしたため、電流が流れなかった。	処置	・電池を2本セットで正しい向きに入れる。 ・交換後、2度点灯確認する。	即
発生面（作り込み）	電池購入判断が各自に委ねられていた。	電池購入を判断する基準がない。 （判断基準）	真因	在庫管理の仕組み 家族で電池管理のルールと役割を明確にする。	〇/〇
	気付きやすい配慮がなかった。	目の衰えで、文字が小さく見えにくかった。 （認知情報）	処置	見やすさの配慮 ＋方向を大きな文字で注意喚起する。	〇/〇
	作業後の確認が習慣にできていない。	正しいと思い込み普段から確認していなかった。 （省略行為）	処置	作業確認の徹底 おじいさんに電池交換後の確認をお願い。	〇/〇
	非常用懐中電灯の管理があいまい。	非常用との判断できる状態になかった。 （判断基準）	処置	非常明示の強化 置場を決め、非常用の明示、持出し禁止。	〇/〇
管理面（見逃がし）	非常時の情報を積極的に活用する体制なし。	非常時の情報に対する認識が薄かった。 （意思疎通）	真因	防災意識の高揚 家族で防災について話し合う（毎月1回）。	〇/〇
	非常時の対応が取れなかった。	困った経験がなく、異常事態への認識が甘かった。 （危機管理）	処置	在庫管理の仕組み 家族で電池管理のルールと役割を明確にする。	〇/〇
	お母さんに懐中電灯の知識がない状況を放置。	興味がもてるように教えていない。 （知識不足、動機付け）	処置	専門知識の指導 お母さんが理解するまでていねいに教える。	〇/〇

《要点》
・技術、発生、管理面に分け、各々について対策を立案する。
・真因（根本原因）は原則一つ。

事例演習による具体的展開 《学びからの展開》

学んだ教訓を生かし、職場に展開する

　太郎家の「使えなかった懐中電灯」事件も、リーダーであるお父さんと家族の協力の甲斐もあり一連の再発防止策が打たれることになりました。ここで一番良かったことは、明確な役割のなかったおじいさんが気象係を受け持ち気象情報を家族に伝えることで家族の一員としてコミュニケーションの場がもてたことかも知れません。

　いろいろな失敗例は、誰もが経験したくない「疑似体験」が容易にできる格好の教材となります。失敗から学んだ教訓は、その事象の処置にとどまることなく横展開されて初めて生かされ価値を生むこととなります。この貴重な体験で学んだことをお父さんは会社の仕事に置き換えた場合を想定し、未然防止の手を考えることにしました。

　失敗から学んだこと教訓を生かすには、柔軟な発想力がモノをいいます。この感性により、横展開する打つ手が大きく変わってきます。ストレートに電池予備在庫の持ち方や防災備品を整備する限定的な展開にとまってしまったり、観点を変えて「リスク管理」全体を考えることもあります。

　幅を広げて次のような展開の方法もあります。
　①機材や油脂の発注点管理の見直しや刃具類の「在庫の見える化」をする。
　②職場のベテランからの仕事の考え方の学びや密な「報連相」による職場内コミュニケーションを円滑にする。
　③職場災害につながる「ヒヤリハット情報」などのリスクを先取りする。

　横展開に当たっては、範囲を広げ過ぎると余計な点検ばかり増え形骸化してしまう可能性もあるため、どこまで発展させるのかについては分析メンバーを交えて深く吟味する必要があります。

第4章　真因対策と再発防止への展開法

> 失敗からの学び：「使えなかった懐中電灯」

①消耗品の在庫管理

☆電池在庫の補充の仕組み
☆電池の保管場所の見える化

職場への横展開を想定すると
・機材や油脂の発注点管理
・刃具や事務用品の見える管理

②重要情報に対するコミュニケーション強化

☆朝食時、気象情報を共有
☆家族全員の活発な意思疎通

防災情報

職場への横展開を想定すると
・ベテランからの仕事の学び
・綿密な「報連相」

③危機意識の高揚

☆「非常持ち出し袋」など日常から
　リスクへの対応策を進める

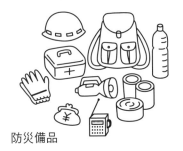

防災備品

職場への横展開を想定すると
・ヒヤリハット情報の収集
・積極的に危険予知訓練を実施

≪要点≫

・横展開により類似案件に対し未然防止を発展させる。
・「失敗事例教育」からリスク管理に活かす。
・コミュニケーションを密に重要情報を共有する。

第5章

未然防止への展開法

未然防止の基本的な考え方とその展開

早く異常に気付けるよう予防処置の手立てを行う

　未然防止とは、品質トラブルや災害などが起きる前に未然に防ぐことを意味します。問題解決においては、「すでに起こっている＝見えている」問題を対象としているのに対して、未然防止は「予備軍的に潜在している問題＝潜在的問題」を対象としているため「想定する仕掛け」が必要となります。

　多くの企業では、不良の低減、職場災害の防止、仕事の手戻りの低減などを目的に、開発・設計などの生産プロセスの上流段階からの未然防止活動に取り組んでいます。しかし、未知な不具合を対象としているため、今まで経験したこともない不具合現象をすべて網羅し「未然に防止」することは極めて困難な作業となります。

　特に、失敗を貴重な体験資産として、「ノウハウの標準化⇒横展開⇒教育訓練と啓蒙⇒折り込みの確認」の一連のプロセスを展開しないと失敗から学んだことが全てムダとなります。自部門では経験しなかった将来起きる恐れのある同類の問題に対して着実な横展開を実施することにより、自部門の脆弱な部分に踏み込んで事前に手を打つことで問題の未然防止につなげます。

　そしてモノづくりにおける品質マネジメントシステムの流れ全体を補強し、次の手順で展開することで効率的に未然防止することが可能となります。

①図面、過去トラ、変化点を整理し、相違点のレビューを行う。
②加工工法の違いや加工条件の変化を見極め、確認を行う。
③工程FMEAでの逸脱点はないかを分析し、管理方法を決定する。
④流出防止の観点から工程の重点管理すべき項目を設定する。
⑤QAネットワークで「発生防止」—「流出防止」を評価し、網を張る。
⑥工程管理へ移行しバラツキのカイゼンを行う。

　また、このシステムを一過性で終わることのないよう継続的なカイゼンを展開していきます。

第5章 未然防止への展開法

「未然防止」の基本的な考え方

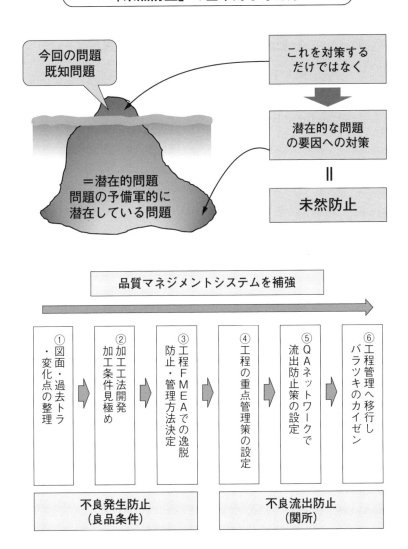

《要点》
・未然防止は、潜在問題の要因に対する予防処置を行う。
・モノづくりのプロセスでの早い段階からの活動を行う。

不良を作らない、流さない「自工程完結活動」

自工程の管理項目を決め、工程の異常を見える化

「自工程完結活動」とは、「品質は工程で作り込む」ことであり、後工程への不良をなくすには「自工程内で発生する不良を"ゼロ"に抑える」という基本的な考えです。そのためには、工程の4M（人、設備、材料、方法）の変化から生じる品質特性のバラツキを小さくすることで不良発生を予防することが可能となります。工程の質を保証する要件である「良品条件」と「判断基準」を明確に決め、その結果（出来上がった物）に対して良否を判断することで工程内での品質の作り込みを行います。

日常的には、以下のような手順で工程の管理、カイゼンを行います。
①対象の製品の「QC工程表」を作成し、管理特性と品質特性を明確にする。
②質特性のデータを取り、工程能力指数（Cpk）を把握する。
③製造条件等をカイゼンしてバラツキを抑え、工程能力を高める。
④日々の変化に対し定期的にデータ取りを行う。
⑤特性値に異常が生じていないかを「管理図」を使い監視を行う。
⑥異常が発生したら、直ちに原因を調べカイゼンする。

また、あらかじめ発生する不具合を想定して、運用手順や異常の報告に問題がないかなど、組織全体に周知しておくことも重要となります。

品質を決定する要因はたくさんありますが、中でも計画時点での要因が8割以上を占めていきます。早い計画段階で設計、生産準備部門、製造が一体となった作り込みがより効果的となります。

- **管理図**：工程の安定状態で自然に起きるバラツキと、工程の異常によるバラツキを発見し、その異常原因を調べて対策を打つことで予防管理ができる。
- **工程能力指数（Cpk）**：製品の規格に対し、特性の分布がどの程度余裕があるかを示した指標。数値が大きいほど安定状態を示す。

第5章 未然防止への展開法

自工程完結=「品質を工程で作り込む」

「後工程はお客様」の考えで
各自の仕事に責任をもち、仕事の質を保証する。

不良を受け取らない。不良を作らない。　不良を流さない。

前工程 →入力→ 自工程 →確認→ 出力→ 悪いものは後工程へ絶対に流さない。

良品条件（管理特性）　　合格基準（品質特性）

「良品が作れる」4Mの要件
（設備、材料、方法、人）

「良品であること」を
自らが保証

↓　　　　　　　　　↓

QC工程表による管理決め　　管理図による異常管理

↓

【管理図による変化点管理】

×不良　／／／ ＋規格
異常★
管理限界線UCL
バラツキ±3σ
正常値
管理限界線LCL
／／／ －規格

《要点》
・自工程保証を展開して、品質は工程で作り込む。
・QC工程表で良品条件を押さえ、管理図で異常を監視する。

QC工程表を活用した工程管理の充実

加工条件と出来栄えの全容を表し、抜けを防止する

　QC工程表は、自工程完結活動における品質管理の基礎となるもので、各工程の流れに沿って「管理特性」や「品質特性」および、その「管理方法」などを区分して一覧表で表した品質計画書に当たります。これにまとめることで部材の購入から完成に至る全工程の管理ポイントが明らかとなり、洩れなく事前確認することが可能となります。さらに、品質を確保する上でバラツキが生じないよう製造工程が日常的に管理されているかを確認する大切な未然防止のツールになります。

　QC工程表は、数十枚にも及ぶ作業標準書の管理項目をマトリックス表でまとめるため、一目で一連の工程の管理状態が把握できます。また、記録方式や抜き取り間隔、異常処置などの管理方法について、誰が、いつ、どのような方法でやるのか横並びでレベル確認も可能となります。

　さらに、加工プロセスにおける良品条件と品質確認の方法を規定しており、品質保証において欠かせない管理ツールと位置付けられています。日常管理において工程で異常が発生した場合には、必ずQC工程表を基準にして現状把握を行います。そして新たな問題が明らかになったら「その項目が、なぜ抜けていたか」について、「なぜなぜ分析」を行い、さらなる充実を図り完成度を高めていきます。

　そのほか、QC工程表の活用により以下のメリットがあります。
　①品質保証の計画が体系的に捉えることができる。
　②生産工程の全ステップが明確になり、保証の抜けがなくなる。
　③工程の設備の条件や測定機器、管理方法が一目でわかる。
　④異常発生時の判断や処置方法が事前にわかる。
　⑤品質記録などのトレーサビリティが有効に機能できる。

第5章 未然防止への展開法

QC工程表の重要ポイント

(1) 管理特性と品質特性

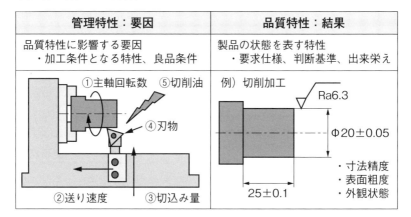

管理特性：要因	品質特性：結果
品質特性に影響する要因 ・加工条件となる特性、良品条件	製品の状態を表す特性 ・要求仕様、判断基準、出来栄え

(2) QC工程表の例

工　程	管理特性		品質特性			
	項　目	条　件	項　目	判定値	測定具	頻　度
①外径荒加工	・回転数 ・送り速度 ・切込み量 ・刃物交換	○○rpm ○○ 0.7mm 1200個	外径 長さ	Φ20.4±0.05 24.8±0.1	マイクロ メータ ノギス	初品 初品
①工程図 ・部品・材料 ・流れ記号 ・工程名	②管理特性 ・確認項目 ・製造条件		②品質特性 ・管理項目 ・判定基準 ・測定具 ・管理頻度			

≪要点≫
・「管理特性」と「品質特性」を決め、未然防止に活用する。
・異常の検出を管理の仕組みに反映する（管理図など）。

QAネットワークを活用した工程保証度の向上

工程の改善や管理の充実に結びつけ、未然防止を図る

　QAネットワークは、製品の保証項目の保証レベルを客観的に評価することで工程の弱点を顕在化させ、改善を進める自工程完結の有効な手法の一つとなります。

　要求仕様から保証すべき製造保証項目と、その製造工程の関連をマトリックスで表し、保証レベルを「発生と流出」の両面から評価します。そして発生する不具合を予測し、後工程に流れないよう工程の弱点を発見し、工程の改善や管理の充実に結びつけレベルアップを図っていきます。

　QAネットワークの展開に当たっては、次の点についての決め事をすることで、より確実な管理が可能となります。

　①製品に悪影響を及ぼす可能性のある保証項目を抽出する。
　・抜け防止のため関連部署との連携強化と経験豊富なメンバーを選定する。
　②目標保証ランクを評価し、有効な改善策を折り込む。
　・設備面の補強と作業手順の充実や作業訓練の面からバランスよく行う。
　③あらかじめ異常時の対応処置を決めておく。
　・工程変更や異常発生時の連絡、処置の手順を明確にする。

　人的作業はエラーを生じる可能性が高いため、作業の難易度や作業者の特性、訓練レベルにまで踏み込んだ対応が必要となります。保証度を向上するには、人的判断の必要な作業を減らし、ポカヨケなどによる改善が有効となります。しかしポカヨケなどの設備面の対応に限界もあり、ヒューマンファクターの観点からいかに現場の知恵を結集しエラーを少なくすることが大切となります。

　作業をやりやすく間違いが起きないよう手順や治工具を工夫し、また繰り返し作業訓練を行い、技能レベルや意識を高めるため「作業認定者」で対応することも有効な手段となります。

第5章 未然防止への展開法

QAネットワークの概要

品質保証項目の保証レベルの客観評価

発生防止
①設備的に異常の検知が可能
②補助的なポカヨケ
③人的依存、標準化は十分
④工程能力不十分・作業者に頼る

流出防止
〈1〉設備的に十分検知が可能
〈2〉一部で人的保証、ダブルチェック
〈3〉人的依存（勘コツ要素少）
〈4〉勘コツ部分が多い

目標保証ランク表

目標保証ランク	予測不具合
A	人命に関わる ・安全、機能不全につながる項目
B	重要機能に関わる ・法規制に関する項目
C	・一般項目

工程の保証ランク判定表

		発生防止ランク			
		①	②	③	④
流出防止ランク	〈1〉	A	A	A	B
	〈2〉	A	B	C	D
	〈3〉	A	C	D	E
	〈4〉	B	D	E	F

機能（特性）	製造保証項目	過去の不具合	工程 A 反射鏡組付	B キャップS組付	C パッキン組付	D 電池組付	E 本体組付	F 点灯確認	目標保証ランク	現状保証ランク	対策または改善事項 内容	期限	改善後保証ランク
性能低下	スイッチONでランプが点灯すること					⊖ ②		③ ②	B	D	電池を2本セットで入れる。 別の人がダブルチェックする。	8/14	B

製造工程／保証項目／ランク評価／現状ランクが目標に達していない／改善処置

《要点》
・製品の目標保証項目と工程の保証レベルを客観評価。
・製造工程へ「発生防止」－「流出防止」の網を張る。

変化点管理による未然防止のあり方

変化点管理を体系化、標準化して未然防止につなげる

　製造工程に、人、設備、材料、方法の4Mに変化があった時には、次の理由から様々な問題が集中して発生する傾向があります。
　①急な変更が生じると、あわてたり思い込みからミスが発生しやすい
　②決められた良品条件、手順通りの作業ができず品質が維持できない
　③異常が顕在化してから是正すると、モグラたたきの対策が多くなる
　④不良品が後工程へ流出するリスクが高まる
　製造部門の問題は、変化点管理のまずさによって発生したと考えられるものがほとんどを占めています。ここでは、変化点管理の体系化、標準化を行い、未然防止につなげるポイントを紹介します。
　4Mの変化点を事前に捉え、考えられる要因を排除、監視する未然防止の対応が必要になります。すなわち、変更への影響を最小限にするため、受ける要因に対して事前に準備計画し、それに応じた必要な訓練や作業条件、標準類の整備などの対応策を決めておきます。そして、実際に変更が発生した場合には、その指示に従い初品の確認を行い、記録に残します。そして、念のため変更ロットの層別管理を行い、工程の変化に伴うリスクに備えます。
　また、できるだけ早い時点に変更サンプルを入手することで、様々な「バラツキ要因」をコントロールし一定の品質を保つことが可能となり、不良の発生、流出を未然に防止することもできます。
　さらに、不良品が後工程に流出した際に備え、どのように対処すべきかを規定しておくことが重要となります。そのために、変化点管理を体系化、標準化して、どのように管理するのかを明確にしておく必要があります。
　管理監督者は、問題の可否に関わらず、変更情報が入ったら現場に足を運び、自ら現地現物を確認して問題がないか検証する姿勢が重要となります。

第5章　未然防止への展開法

変化点管理実施の重要ポイント

≪変化点管理の事前準備≫

①異常発見の感性高揚	②不良の未然防止	③異常発生時の対処
・変化情報の共有と周知 ・標準類の整備 ・サンプル、写真準備 ・管理図などデータ管理	・作業をやりやすく改善 ・勘コツ作業の排除 ・作業者の多能工化 ・特別管理項目の設定	・異常報告のルール徹底 ・定期的な報告訓練実施 ・異常の定義の明確化 ・製造ロットの管理、記録

≪変化点管理の実施フォロー≫

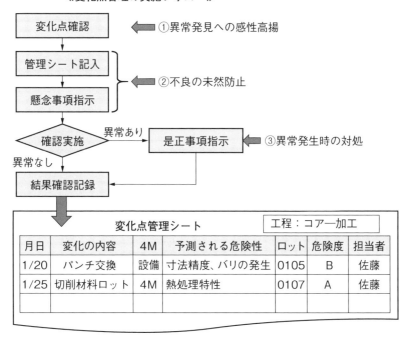

≪要点≫
・製品や作業状態に変化に対する予防の管理。
・生産の4M：人、材料、設備、方法の変化点を捉える。

第6章

「なぜなぜ分析」
職場定着への秘訣

36 ヒューマンエラーと エラー現象の捉え方

ヒューマンエラーの「原理原則」を確認しておこう

　日々の連続した作業の中で、ほんの些細な作業ミスや確認ミスから重大な品質問題や災害を引き起こしています。これらのエラーは、人の行動に対して複雑な「背後要因」が影響を与えています。

(1) 背後要因（誘因）による分類

　人のエラーは単独の要因で起きることは少なく、作業者の体調・意欲などの「内的面」、時間的な焦りなどの「状況面」、企業風土や人間関係など「環境面」の３つが「背後要因」として関与しています。そのような中で人的なミスを未然に防ぎ、高品質で均質な状態をつくり続けることが必要になります。

　トラブルの原因は、「変化に対する検討不足」や「過去に失敗した事象の展開不足」など再発によるものも少なくありません。「正しいことをしようとして、間違ったことをしてしまった」場合に、エラーが発生したことになります。そこに意識が影響し、「めんどう、不便」だからという理由で「意図的」であったのか、「意図しない」で「うっかり、思い込み」により行動した結果、打つ手も変わってきます。

(2) ヒューマンエラーの分類

　同じ失敗を繰返さないためには、「人の意識面」や「行動面」にまで深く踏み込んだ真の原因を究明する必要があります。そのためには、人間特性やヒューマンエラーに対する理解が不可欠となります。ヒューマンエラーはその行動を発生原因によって、次の３つに分類することができます。

　①能力不足：十分な知識や能力がない状態で行動したエラー。
　②過失、意図しない：うっかり忘れた、思い違いで行った結果のミス。
　③故意、意図的：手抜きなどの怠慢や規則を軽視した違反行為。

　この人間特性の「原理原則」に従い分析を進めエラー原因を特定し適切な対応策を取ることで、当事者への納得感の向上にもつながります。

第6章 「なぜなぜ分析」職場定着への秘訣

失敗からの学び：「使えなかった懐中電灯」

背後要因 ⇒ 原因 ⇒ 結果
誘因　　　ヒューマンエラー
☆人為的な過ちや失敗
☆期待したことから逸脱

(1) 背後要因（誘因）による分類

☆手抜きや余計な行動につながった内外の要因

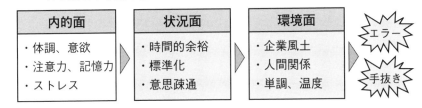

内的面	状況面	環境面
・体調、意欲 ・注意力、記憶力 ・ストレス	・時間的余裕 ・標準化 ・意思疎通	・企業風土 ・人間関係 ・単調、温度

⇒ エラー / 手抜き

(2) ヒューマンエラーの分類

☆発生原因によるヒューマンエラーの分類

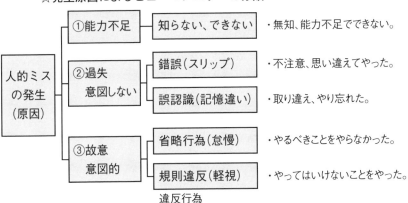

人的ミスの発生（原因）
- ①能力不足 — 知らない、できない ・無知、能力不足でできない。
- ②過失 意図しない
  - 錯誤（スリップ） ・不注意、思い違えてやった。
  - 誤認識（記憶違い） ・取り違え、やり忘れた。
- ③故意 意図的
  - 省略行為（怠慢） ・やるべきことをやらなかった。
  - 規則違反（軽視） ・やってはいけないことをやった。

違反行為

参考文献
中条武志：人に起因するトラブル・事故の未然防止とRCA、日本規格協会（2010）、p.13

《要点》
・ヒューマンエラーは、仕事の仕組みの中で犯す「失敗やミス」。
・背後要因から原因と結果の因果関係を正す。
・多面的な視点から問題事象の原因を検証する。

37 ヒューマンエラーへの対応

管理者は「報告を奨励」し、問題を先取りする

(1) 人間行動への理解

一般的にヒューマンエラーは、当事者に知識や能力、意欲があっても失敗してしまうことがあり、確実にゼロにすることは極めて困難といえます。ここで大切なことは、「人は、いつかエラーを起こすもの」といった人間行動を理解し、次のような配慮をする必要があります。

①「わかりやすく、やりやすく」して、起きにくい仕事のやり方に変える。
②エラーをしたことを当事者に「気付かせる」能力をつける。
③エラーをしたことに「気付きやすい」工夫をする。

さらに起きてしまった問題に対する真の原因を究明し、その「反省と教訓」を広く社内に展開して前向きに活かす風土づくりが重要となります。

(2) ヒューマンエラーの対処の仕方

人のエラーを正しく理解し、職場が一体となり、その対応策について話し合うことが大切となります。さらに、問題の予兆をつかむには、働く仲間からの打上げや報告が重要となります。打ち上げられた「ヒヤリハット」や品質などの「異常報告」を真剣に受け止め、その報告に感謝の姿勢で臨むことが大切です。そして、管理者自らが先頭となり、迅速な対応策を講ずることで報告が活かされ、働く仲間との信頼関係もさらに深まってきます。

また、人に関わる問題解決に当たっては次の点に注意するとよいでしょう。

①「なぜ」の議論を「人の意識」ではなく「人の行動」に向ける。
・指示の仕方、受け方、判断の根拠など情報の精度を検証する。
②「行動理由」について当事者自身、説明できない時はやめる。
・無理やり答えを求めず、必要以上の追及をしない。
③問題の本質は「組織や仕組み」にあることを共有する。
・感情的な攻撃に陥らないよう事実のみに振り変える。

エラーを引き起こす人間行動

(1) 人間行動への理解

- 思い込み
- 手抜き、うっかり
- 判断ミス

教育訓練の充実

規則に対する認知低下

- 報告を奨励
- 啓発活動
- 失敗から学ぶ
- 教訓は…

教育も大切

なぜなぜ分析

① エラーが起きにくいやり方へ変える。
② 当事者に「気付かせる能力」をつける。
③ エラーに「気付きやすい工夫」をする。

(2) ヒューマンエラーの対処の仕方

ヒューマンエラー		対　応　策
能力不足	知らない	・スキルアップを計画的に訓練する。 ・知識教育で理屈を教える。
	できない	・ノウハウを折り込んだ手順書を作成する。
錯誤 （スリップ）	不注意 うっかり	・明瞭な指示と内容の確認の徹底する。 ・最悪から考え、事前の対処を打っておく。
誤認識 （記憶違い）	取り違え	・類似の物を近くに置かない、識別を付ける。 ・「指差確認」で意識する習慣付する。
	やり忘れた	・作業のクロスチェックを行う。 ・メモを活用し、確認する。
省略行為	怠慢	・納得性、遵守態度の確認をする。
規則違反	手抜き	・規則の目的を説明、遵守の説得をする。

《要点》
- 個人への責任追及や言い訳には要注意。
- エラーに陥りやすい意思疎通の取り方を心得る

38 当事者の立場で考える

「なぜ」の視点を「自分ごと」に置き換えて考える

(1) 幅広い観点で広く見渡す

「なぜなぜ分析」を行う上で最も大切なことは、参加メンバー全員が立場を変えて主体性をもつことにあります。主体的に考え、「当事者意識をもつ」には、いろいろな「視座」で立場を変え「自分が直接関わっているという意識、関係者であるという自覚」を示しています。

他人のミスに対して指摘をすることは極めて簡単ですが、自分が関与していないことについて原因を調べて改善に活かすことには多少なりとも抵抗感があるものです。また、自分の関わった仕事でのミスにおいて、「自分には関係ないと思った」「知らなかった」などの言い訳をしていると、単に「手伝っている」という意識しかもてず、仲間意識のない人になってしまいます。

当事者意識をもつメンバーが集まれば、「視野」を広げ様々な「視点」で職場をより良くするために考え、提案することでしょう。当事者意識をもたせることで責任感とやりがいが出てきます。

(2)「なぜなぜ分析」の真の目的

推進リーダーは、「当事者の立場で考えろ！」と言う前に、事実を掘り下げてそこから出た課題を明確にした上で、「問題事象をどのような方針で考えて欲しい」について自らの考えをメンバーに伝える必要があります。

あらゆることに問題意識をもって仕事に取り組めば、改善への幅がさらに広がり、積極的に取り組んでいるところに自然と人が集まります。

職場の問題を主体的に解決することでさらに質の高い仕事が可能となり、そこから労働意欲が高まることで自己成長につながってきます。このように「なぜなぜ分析」を活用し再発防止につなげることで"本当の目的"である「人づくりと組織力の向上」に貢献ができるでしょう。

観点、視座、視野、視点

(1) 幅広い観点で広く見渡す

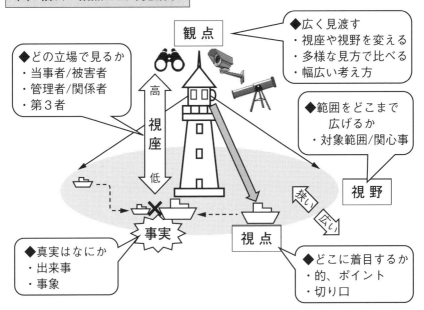

(2)「なぜなぜ分析」の真の目的

《要点》 視座（立場、役割など）を変えてみる。
　　・当事者の立場で考えると、その行動要因が明確になる。
　　・管理者やそれぞれの立場から見ることが重要。

「なぜなぜ分析」の全社展開に向けて

習慣として根付くまでトコトン働きかける

(1) 「なぜなぜ分析」共有のステップ

「なぜなぜ分析」は個人の分析スキル向上としても活用できますが、組織展開を行って初めて大きな成果を発揮することが可能となります。お客様から求められたからと一過性のその場しのぎの問題解決に留まることなく、組織活性化の手法として多くの企業が取り組んでいます。そして、職場に根付かせるため組織を挙げ職場の個別問題から体質改善の向上の改題へと広がっています。

全社展開に当たっては、片手間に導入するのではなく、「浸透→定着→成熟」の3ステップで腰をしっかりと据えて実施することが確実で近道となります。トップを巻き込んで全社へ認知することから始め、習慣として当たり前に職場で活用できる状態まで訓練を充実し、関係部署一丸となって定着を図っていきます。

(2) 管理、監督層への訓練とレベルアップ

「なぜなぜ分析」は、1回やったら終わりではありません。職場で起きている種々の問題に実践的な活用ができなければ、貴重な時間を使って習得したことがムダとなってしまします。そのため、以下のようなステップを踏み、管理監督者が繰返し実践することで定着を図ります。

①現場を使った模擬課題で進め方や帳票へのまとめ方を理解する。
②チームごとにレベルを評価し、一定レベルまで引き上げる。
③職場課題に取り組み実践を積み上げる。
④職場課題を共有し、相互の学びからレベルアップする。

このようにしっかりと問題解決の手法として現場で根付くためには、実践訓練での評価を繰り返し、分析スキルを高める必要があります。そして、感度を高め素早いアクションが取れる質の高い仕事へと成長する姿勢に変わっていきます。

第6章 「なぜなぜ分析」職場定着への秘訣

「なぜなぜ分析」の全社展開へのステップ

(1) 「なぜなぜ分析」共有のステップ

浸透期	定着期	成熟期
<Phase 1> 認 知	<Phase 2> 理解/納得	<Phase 3> 共 感
☆トップへの認知 ・トップの巻き込み ・関係部署への広報 ☆体制と仕組み化 ・研修計画と実施 ・マスター講師育成 ・訓練教材の開発 ・評価基準の設定	☆全員への理解促進 ・育成の仕組み構築 ・分析例の積上げと指導 ☆全員への活用展開 ・"朝一会"報告の要件化 ・品質会議などで活用 ☆各職場で仕事を通じて伝承（共通言語化） ・「なぜなぜ分析」教育訓練の充実	☆習慣として活用 ・自ら実践する風土 ・失敗例のDB化 ☆未然防止活動へ移行 ・QA工程表の展開と充実 ・QAネットワークへ展開

(2) 管理、監督層への訓練とレベルアップ

≪「なぜなぜ分析」訓練評価シート≫

区分	評価項目	評価結果
深掘り 事実の	①深掘りのための議論が十分できた。	/5
	②適切な事実が引き出せるよう聴き出しができた。	/5
	③分析につながる論点の整理ができた。	/5
なぜなぜ分析	④想定・事実が5W1Hの短文で整理されている。	/5
	⑤分析ステップで変化点を捉え解析している。	/5
	⑥論理性を追求している。	/5
	⑦分析時、他項目へ発散していない。	/5
根本対策	⑧真因対策は確実に押さえられている。	/5
	⑨現象、原因、対策が論理的になっている。	/5
	⑩チャート作成は手順に沿った作りになっている。	/5

テキスト

訓練教材
・テキスト&チャート
・学びの現場

現場

≪要点≫
・トップを巻き込み、本気で取り組む。
・分析例を積み上げ、学べる知識として活用し質を向上。

40 真因をトコトン追究するタスクチームの結成

タスクメンバー相互の知恵を最大限引き出す

(1) タスクチームの基本姿勢

「なぜなぜ分析」には、専門的な知識は元より、問題解決に向けた次の3つの考え方が不可欠になります。

①**実行主義**：完璧を狙いすぎるとうまく進まない時、ネガティブになるため、まずはあきらめずやり切ることが大切になります。

②**学ぶ姿勢**：客観的に自分の職場の問題の分析をしたり、他職場の横展開から新たな気付きが得られます。

③**主体的行動**：いろいろな立場で考えることで、人間的にも成長があります。

「なぜなぜ分析」は、問題に対する真の原因を追究し、適切な解決策を立てる手法であると同時に、「失敗から学ぶ」ことで多くの気付きを得られます。分析過程において積み上げられたノウハウが職場の活性化を高め、「人づくりと組織力の向上」を目指し成長していきます。

(2) 構成メンバーと役割

推進リーダーはチームを招集し、客観的な事実情報を集めます。分析チームは、推進リーダーを筆頭に、事務局、アドバイザー、実務メンバーで構成し、その現場をよく知る経験者を含め数名で構成します。

チームでの各々の役割は以下のようになり、発想が偏らないように多様な職種のメンバーで構成するよう配慮が必要となります。

①**推進リーダー**：該当職場の管理者
②**事務局**：運営全体の準備から分析ドキュメントのまとめ
③**アドバイザー**：進行を補佐する技術者で「なぜなぜ分析」に精通した人材
④**実務メンバー**：事実の抽出とエビデンスの提供

タスクチーム（task team）：ある特定の任務のために組織されるチーム

第6章 「なぜなぜ分析」職場定着への秘訣

「なぜなぜ分析」のタスクメンバーと役割

(1) タスクチームの基本姿勢

☆リーダーの的確な推進力で組織成長への気付きを与える。

①実行主義	②学ぶ姿勢	③主体的な行動
・三現主義の徹底 ・標準化と定着 ・あきらめずやり切る	・知識の積み上げ ・気付き重視 ・横展開から学ぶ	・当事者意識で考える ・上司の立場で考える ・顧客の立場で考える

(2) 構成メンバーと役割

☆該当職場の管理者
 ・討議の進行、聴き手
 ・埋もれた事実の掘り出し

①推進リーダー

☆全体運営
 ・事前準備、時間管理
 ・シートの記録

②事務局

③アドバイザー

④実務メンバー

☆分析を補佐する技術者
 ・進め方の助言（冷静に観察）
 ・リーダーを補佐し、聴き手に加わる

☆監督者、当事者、関係者
 ・事実の抽出と整理の協力
 ・エビデンス（証拠・証言）の提供

《要点》
・三現主義（現地、現物、現実）に徹する。
・発生原因の「なぜなぜ分析」は、実務が主体で実施する。
・管理原因は、管理者主体で仕組みの欠陥を掘り下げる。

信頼される リーダーの姿勢

職場の問題解決の視点からマネジメントを見直す

(1) 推進リーダーの資質（姿勢と志）

職場の問題は、品質や安全、生産性など多岐にわたります。その問題解決に向け、推進リーダーには、メンバー全体への動機付けを行い、やる気に満ちたチームをつくるという課題があります。メンバーの意識がバラバラでは、共通の目的である「根本原因」を追及することはできません。特に管理的原因は「管理の仕組みの欠陥」であり、これを是正するため、マネジメントの観点で関係部署にも積極的に働きかけ、カイゼンに臨むことは言うまでもありません。

推進リーダーは、職場マネジメントの観点から「マネジメント力」「技術力」「人間的魅力」に加えて、これらを円滑に運営し最大の力を発揮するための「コミュニケーション力」が不可欠になります。特に関係者や当事者に対して聴き手にまわるため、不快感や疑念を懐くことがないよう「傾聴の姿勢」で臨まなくてはなりません。

(2) 分析におけるリーダーの役割

問題の重要度に応じた分析チームを構成し、多面的な対応策の提案が求められます。現場主体のメンバーだけに偏った対策は十分な再発防止に結びつかないこともあり、多様なメンバーで構成することもあります。

「なぜなぜ分析」における推進リーダーの役割は、討議の進行から横展開に至るまで幅広く関わる必要があり、以下のような役割を担います。

①討議の進行：効果的な討議の運営と事実を引出す雰囲気作り。
②事実の掘り出し：客観的な立場から事実を掘り出し、真因を追究する。
③組織への横展開：仕組みの欠陥を特定し、再発防止策を抽出する。

また、分析リーダーはこの問題解決に多くの時間が必要となり、自分に代わるポテンシャルの高い部下を早急に育成することで職場全体の活性化につなげることにもなります。

第6章 「なぜなぜ分析」職場定着への秘訣

リーダーの姿勢（分析で得られるもの）

（1）推進リーダーの資質（姿勢と志）

☆メンバーから多くの事実を引き出し、潜在問題に切り込む。

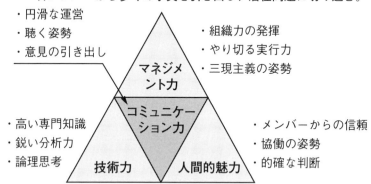

（2）分析におけるリーダーの役割

☆チーム運営を活発化し、再発防止、仕組み改善へリード

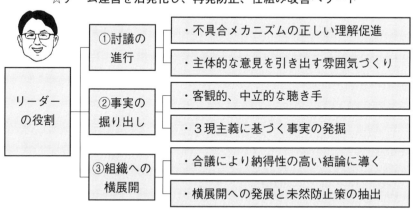

《要点》
- コミュニケーションを深め、総智の結集で真因を掘り下げる。
- 事実情報の収集に向け「現地、現物、現実」に徹する。

第7章

《実用編1》
生産工程の
ヒューマンエラー対策

42 組織の力で日々の変化への対応力を強化する

パンチの定期交換を怠り、バリ不良が発生

　製造工程におけるヒューマンエラーは、人と設備を融合したシステムの中で人が行うべきことを適切に行わなかった結果、不良の発生や災害つながります。ヒューマンエラーの多くは「意図しないうっかりミス」で、人間行動特性と仕事の仕組みのアンマッチングが原因で発生します。

　また、ミスの防止は人の注意力に依存することが多くありますが、それには限界もありエラーを起こしてしまいます。さらに、何らかの理由で「やむを得ず違反する」、「臨機応変に対応する」などの人間行動を前提にして組織全体でミスの防止を考えなければなりません。

　ここでは、製造工程のヒューマンエラーから起きた「パンチ抜き工程で発生したバリ不良」を例に分析を進めます。

作業者：「パンチ交換用の計数器が既定10万回に達し、設備停止しました」
班長：「今こちらの設備調整を行っているので、残業時間でやっておくから、とりあえず計数器をリセットして作業を続けて下さい」
作業者：「いいのですか？」
班長：「あと1時間で今日は作業終わりだし、寿命に余裕あるから大丈夫ですよ」
作業者：「わかりました。残業時間に交換よろしくお願いします」

と、言われた通り計数器をリセットし作業を再開しました。

　しかし、班長は他の設備調整が長引いた事で仕事が遅くなり、パンチ交換のことをすっかり忘れていました。

　8日後、後工程から製品の内側に大きなバリが発生して使えない旨の連絡が入り、返却された現物を確認しました。返却品を見ると大きなバリが発生しており、パンチ交換を忘れていたことにやっと気付きました。「しまった。あの時のパンチ交換忘れで……」計数器を見ると、7万回を示していました。

第7章 《実用編1》 生産工程のヒューマンエラー対策

「パンチ交換を怠り、バリ不良発生」の経緯

①設備概要の把握

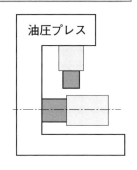
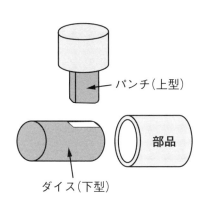

②問題の洗い出し

・パンチの使用回数とバリの関係

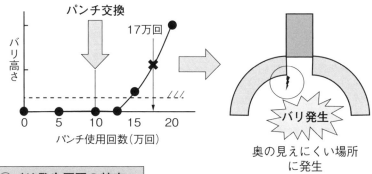

奥の見えにくい場所に発生

③バリ発生原因の特定

パンチ交換回数10万回に対し17万回使い続けた。 → パンチとダイスの角部が長期使用により摩耗し、切れが低下。

《要点》
- 設備構造、動き、原理を理解して事実をつかむ。
- 現地現物により、技術原因となるメカニズムを明確にする。

「できごと」を図解で描き、問題点を洗い出す

仕事の流れの因果関係から問題点を整理する

　「できごと」について「5M1I調査表」に細かな事実を整理し、その因果関係を捉えるため「時系列事象関連図」にフロー図として描きました。特に人為的なミスの掘り下げには、ミスに至ったいきさつから何を分析するのかについて全体像をとらえることが正しい「なぜなぜ分析」への近道となり、納得性の高い対策にもつながります。この流れを正しく捉え問題事象をしっかりと把握することで、分析の精度を高めることに大きく関与してくることは言うまでもありません。

（1）事実の整理：「なぜなぜ分析」5M1I調査表

5M1I		役割・内容	調査の結果
Man （人）	課長	・管理全般 ・異常処置	
	係長	・工程管理全般 ・異常処置	・工程は十分熟知はしている。
	班長	・パンチ交換 ・設備保守 ・品質確認	・別設備の調整を優先した。 ・計数器をリセットし、作業の継続を指示した。 ・係長に業務の重なり状況への報告はなし。
	作業者	・部品供給 ・品質確認	・翌朝、パンチ交換有無を班長に確認していない。 ・当該部のバリ確認は実施していない。
Machine （設備）		・油圧プレス ・パンチ	・油圧プレスに異常はなし。 ・パンチの硬度に異常なく、通常の摩耗。
Method （方法、標準類）		・QC工程表 ・作業要領書 ・パンチ交換手順書	・QC工程表にパンチ交換間隔、交換記録を明記。 ・パンチ交換の延長が日常化（短時間）。 ・当該部のバリ確認指示はなし。
Material （材料）		・部品	・部品の寸法、硬度に異常はなし。
Information （情報）		・交換記録	・パンチ交換の記録はなかった。

(2) 事実の深掘り「バリ不良発生のいきさつ」

≪時系列事象関連図≫

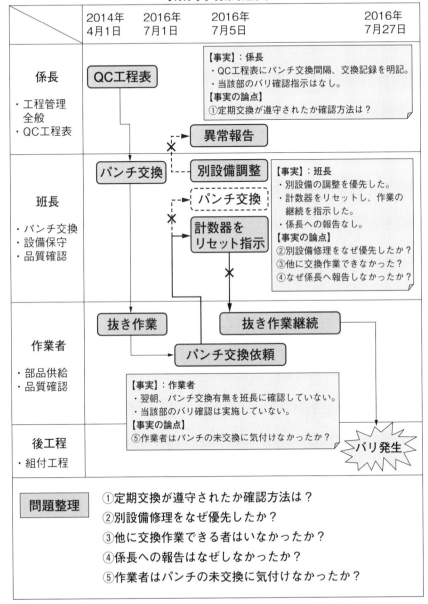

「うっかりミス」を招いた根本原因を解明する

「うっかりミス」には、それなりの理由がある

人が正しい行動を取れなかったことについて、理由を大きく分類すると、
・知識、技能の不足：内容を理解していなかった、能力をもっていない
・意図しないエラー：知識や能力はあるが、ついうっかり忘れてしまった
・意図的な不遵守：知識も能力もありながら「これくらい大丈夫」と守らない
の3つに分けることができます。

今回の事例は単純なうっかりミスと思いきや、「意図的な規則の不遵守」に始まり、「うっかり忘れてしまった意図しないエラー」の複合であり、この部分をよく分析し、確実に防止できる体制を作り上げる必要があります。「意図的な不遵守」は能力の高い人によくありがちな行動で、これを引き金に大きなエラーに発展する場合があります。

(1) **問題の整理**：バリが発生した因果関係

バリの発生は、パンチ交換時期に達しているのにも関わらず、パンチ交換を促す計数器をリセットして作業を再開させたことが発端となります。そして、後にパンチ交換する予定にしていたが、いろいろな外乱から交換することをうっかり忘れてしまったことが背景にあります。

(2) **問題事象の抽出**

以上の関連性から、「班長はパンチ交換の時期に達したが、交換しなかった」こととして捉え、この事象について「なぜなぜ分析」を行います。

(3) **分析課題の設定**：「なぜなぜ分析」で明らかにする課題

パンチ交換を先延ばしに至った班長の仕事の繁忙さに注視し、再発防止策を考えることとしました。また、規則を意図的に守らないことについては、守れない状況を黙認していた点や作業の属人化について、組織での協力体制など管理者が現場を把握し、守れるようカイゼンを進めていくことが重要となります。

第7章 《実用編1》 生産工程のヒューマンエラー対策

不具合現象に至った直接原因の分析

☆プレス加工におけるパンチ抜きバリ発生の直接原因

(1) 問題の整理　☆問題発生の流れ（因果関係の整理）

≪問題事象≫ ─────────────→ ≪問題の現象≫

| 班長はパンチが交換回数に達したが、計数器をリセットし作業を継続させた。 | 別作業終了後に実施予定だったパンチ交換作業をうっかり忘れた。 | パンチの切れが悪化し、バリが発生。 |

(2) 問題事象の抽出

班長はパンチ交換の時期に達したが、交換しなかった。

パンチ計数器

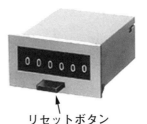

リセットボタン

(3) 分析課題の設定

・パンチ交換を忘れた因果関係を明らかにする。
・パンチ交換作業を先延ばしして、作業を継続させた。
・パンチ交換作業が班長しかやれない状態だった。

≪要点≫
・当事者の責任追及を行わないよう工夫する。
・人は必ずエラーを起こす(ルール軽視、うっかり)。
・忘れたことに誰も気付けなかった管理の弱点を認識する。

(4) なぜなぜ分析　パンチ交換を忘れ、バリ発生の直接原因

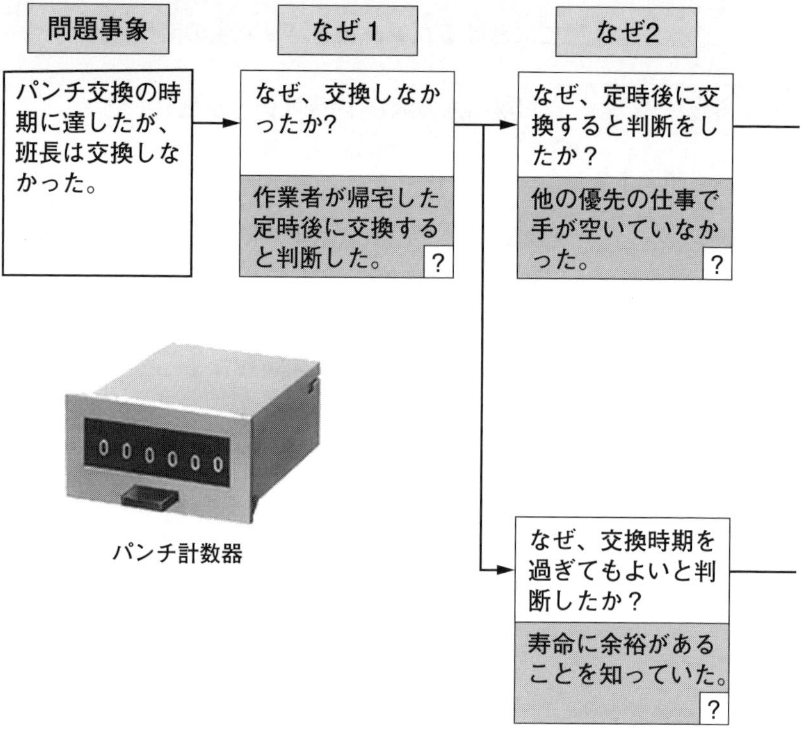

問題事象	なぜ1	なぜ2
パンチ交換の時期に達したが、班長は交換しなかった。	なぜ、交換しなかったか？ 作業者が帰宅した定時後に交換すると判断した。　？	なぜ、定時後に交換すると判断をしたか？ 他の優先の仕事で手が空いていなかった。　？

なぜ、交換時期を過ぎてもよいと判断したか？

寿命に余裕があることを知っていた。　？

パンチ計数器

(4) なぜなぜ分析

　本事例は、班長が多忙の余り一時的に行った処置で終わったと勘違いしてパンチ交換作業を失念（ど忘れ）し、誰からも指摘されることなく大きな問題に発展したものです。パンチ交換忘れの背景には、ルールの軽視や属人化された作業の継続など、職場のリスクへの対応が取られていなかったことが一要因となっていることが考えられます。

　取決めに対するあいまいな判断により、良かれと思った行動が裏目となり、悪魔のサイクルに陥る場合も多く考えられます。万が一を考えて管理状態を見えるようにして組織全体でカバーすることも含めて、「なぜ？」を考えてみましょう。

第7章 《実用編1》 生産工程のヒューマンエラー対策

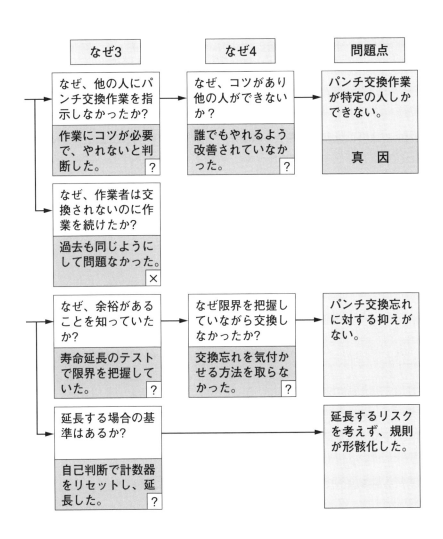

《要点》
・うっかりミスに気付き、ミスをカバーする視点で考える。
・規則を守れなかった点にも注視する。

45 「うっかりミス」を防げなかった管理欠陥を見逃すな

「うっかりミス」の問題点を管理者目線で精査する

　人の不適切な行動は、複数の状況が重なり、それが引き金となって起きてしまいます。

　ここでは、班長業務の処置が重なり、これを発端とし安易な一時的な処置から、やるべきことを先延ばししてしまい、本来やるべきことを「うっかり忘れてしまった」ヒューマンエラーに対して気付ける配慮がされていなかったことについて、その管理原因を分析します。

　(1) 問題の整理：問題発生の背後要因

　問題発生に至った主な背後要因は、以下の3点が挙げられます。

　・パンチ交換作業は班長しか対応ができないため交換を先送りにした。
　・パンチ交換を行っていない状態で計数器をリセットして再稼働した。
　・パンチ交換したかどうかを誰も言及していない（交換実績がつかめない）。

　その結果、パンチ交換を実施しないまま作業が継続され、問題発覚まで誰も気付くことができませんでした。

　(2) 問題事象の抽出

　このような背景から、「パンチ交換が完了していないことに誰も気付かなかった」ことを問題事象として捉えることとします。

　(3) 分析課題の設定：「なぜなぜ分析」で明らかにする課題

　以上のことを踏まえ、職場全体で「うっかりミス」に気付ける体制を作ることを課題に、次の2点について管理面での「なぜなぜ分析」を行うこととします。

　①計数器をリセットしたリスクを考慮に入れる。
　②パンチ交換忘れを組織で防ぐ方策を考える。

第7章 《実用編１》 生産工程のヒューマンエラー対策

未然に防げなかった管理原因の分析

☆パンチ抜きバリ発生を見逃した管理的原因

(1) 問題の整理 問題発生の背後要因

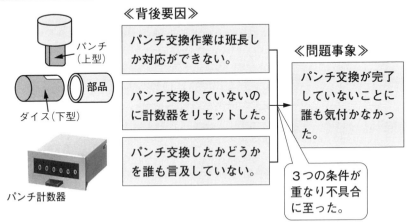

(2) 問題事象の抽出 問題整理から明確になった事象

パンチ交換が完了していないことに誰も気付かなかった。

(3) 分析課題の設定 「なぜなぜ分析」で明らかにすべき事項

職場全体で「うっかりミス」に気付ける体制を作る。
①計数器をリセットしたリスクを考慮に入れる。
②パンチ交換忘れを組織で防ぐ方策を考える。

《要点》
・エラーを見過ごした背後要因を洗い出し、分析する。
・リスクへの対応を常に頭の片隅に入れておく。

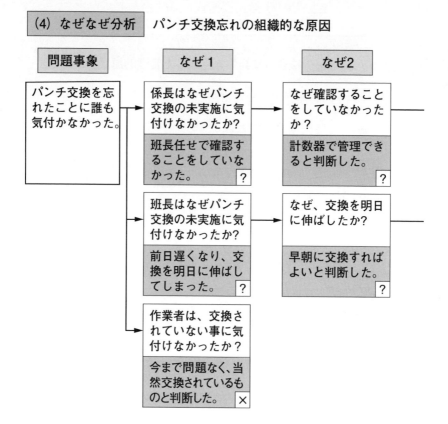

（4）なぜなぜ分析

　当事例での管理的原因の最初の「なぜ」は、問題事象に対して対象者全員が背後要因としてどのように関わったかを検証し、進めることとしました。関わった誰かがミスに気付けることが可能であったかを明確にして、管理上の欠陥を明らかにすることとしました。そのため最初の「なぜ」から３つに分岐し、各々への事実の問いを重ねて「なぜなぜ分析」を行いました。

　結果として、属人化された仕事のミスに気付き、これを防ぐことは極めて難しく、組織で工程の変化を共有して気付かせる工夫が必要との分析での結論を得ることができました。

第 7 章 《実用編 1》 生産工程のヒューマンエラー対策

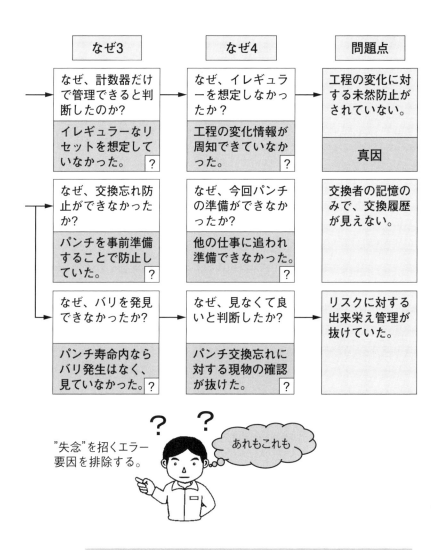

《要点》
・当事者の単純ミスで片づけない！
・管理の仕組みが機能しているかを管理者は常に確認を！
・未然に防止できなかったリスク軽減課題を見落とすな！

「うっかりミス」の原因を組織力でカバー

人の行動特性を理解し、的確なミス防止を考える

　人の行動は今回の事例からも明らかなように、複数の原因が複合して発生する場合が多く、全てを網羅しようとすると容易ではありません。挙げられた対策から真の原因を解決できる最適な対策案を選定します。そして対策案を策定できたら、具体化して実行計画に落とし込みます。

　人的ミスを防ぐ具体案を以下に示します。

(1) 意図しないうっかりミスを防ぐ。

　うっかりミスを防ぐには、組織力を活用し気付かせる工夫が有効となります。変化点管理を導入し変化点情報を組織で共有することで、相互に確認し合い気付かせエラーを未然に防ぐことが可能となります。また、設備の前面に「次回の交換予定日」を貼り付け、周りのメンバーからの注意喚起を促すことも有効になります。うっかりミスを本人の問題と安易に片づけず、組織の仲間で変化点を共有し気付くきっかけづくりが仲間意識を高めます。

(2) 意図的な不遵守を防ぐ。

　決めた標準通りの作業を意図的に守れなければ、標準を守るという意識を例外なく浸透させるための理解活動を根気よく行うことが大切となります。人は一番合理的な方法を取ろうと工夫して仕事を行おうとする特性をもっています。そのことが、思い込みによる判断や行動のエラーを誘発する結果へとつながります。管理者は、「守らないとどうなるか」などの必要性や規則の目的について動機付けを行うと同時に、毅然とした態度で臨むことも大切となります。

(3) 属人化作業を標準化し、エラー要因を排除。

　属人化した仕事は、標準化の遅れは多能工の弊害になるばかりではなくカイゼン促進の足かせとなり、仕事がバッティングした時の判断ミスを生む結果となります。誰でもやれる仕事にカイゼンすることが管理監督者の大きな役割の一つでもあることを忘れてはなりません。

第7章 《実用編1》 生産工程のヒューマンエラー対策

原因と対策：「うっかりミス」を防ぐ

分類	問題点	原因	区分	対策	期日
技術原因	パンチ交換時期を超えた継続使用によるバリ発生。	パンチ交換の安易な先延ばし、および交換作業の失念。	原因	パンチの定期交換を遵守。	即
発生原因	パンチ交換作業が特定の人しかできない。	誰でもやれるように改善されていなかった。	真因	誰でも交換できるよう交換の容易化と作業標準化を実施。	9/1
発生原因	パンチ交換忘れに対する抑えがない。	交換忘れを気付かせる方法を取らなかった。	処置	次回交換予定日を表記し、交換忘れを注意喚起。	即
発生原因	延長するリスクを考えず、規則が形骸化。	自己判断で計数器をリセットして延長した。	処置	全社員を対象にルール遵守に関する啓発教育を実施。	即
管理原因	工程の変化に対する未然防止がされていない。	工程の変化情報が周知できていなかった。	真因	5M変化情報を朝礼で全員に周知する（変化点管理の実施）。	9/1
管理原因	交換者の記憶のみで、交換履歴が見えない。	他の仕事に追われ準備できなかった。	処置	パンチ交換予定を年間カレンダーで見える化し、早い段階から準備する。	即
管理原因	リスクに対する出来栄え管理が抜けていた。	パンチ交換忘れに対する現物の確認に抜けがあった。	処置	バリ有無の定期確認（4/始終）をQA工程表に折り込む。	即

《要点》
- 規則の遵守に対しては毅然たる対応と同時に守っていることを見えるようにする。
- リスクに伴う確認をQC工程表で押さえておく。

「うっかりミス」からの学びの横展開

工程変化を組織の連携でキャッチし、未然防止を実践

　短期記憶に頼った作業は、しばしば大きなエラーにつながります。さらに、属人化された仕事は、作業の重なりなどにより処理時間が遅くなり、情報を頭で覚えようとしても時間と共に記憶が薄らぎ、忘れてしまう危険性がより高まります。事例のように、とりあえず計数器をリセットして作業を継続させ、手が空いた時にパンチ交換をやろうと思っても、新たな状況からやるべきことを忘れてしまいます。

　また、交換作業自体は、定期的に発生する日常作業化され、周りの誰からも確認を求めることはありません。そのため「うっかりミス」に対して、組織力を活用し周りのより多くのメンバーにも気付いてもらえるよう情報を共有することが有効な手段と考えます。

　さらに、属人化した段取りなどの非定常作業は、やりにくい作業をカイゼンし、その標準化を行いました。そして段取り作業の助け合いができるよう訓練計画を立て、実践指導を行うことで多能工が可能となります。これにより、パンチ交換を先延ばしすることなく短時間で交換ができるようになりました。

　「うっかりミス」から学んだ3項目を他職場へ横展開を行いました。
　①変化点情報を朝礼で共有化し、事前にキャッチする。
　②組織力を活用した見える化により短期記憶忘れ防止する。
　③属人化した非定常作業を標準化により多能工化に移行する。
　このように「うっかりミス」を個人の責任にすることなく、組織の問題と捉え全体で補完する強い組織へのカイゼンに活かすことができました。

> **多能工化**：「マルチスキル」とも呼ばれ、作業を複数の人ができるよう訓練することで助け合いにより生産工程の停滞を回避する。そのため属人化した作業をカイゼン、標準化することが必須となり、生産性向上も図れる。

第7章 《実用編1》 生産工程のヒューマンエラー対策

目で見る管理で変化に気付きを

①変化情報を朝礼で共有　変化に対し、職場全体で品質を維持。

◇変化を共有
1) 異常に気付く情報を共有
2) 変化を事前にキャッチ
3) 組織の協力体制の強化

②組織で気付きを強化　ミスはチームで防ぐ。

◇予定の見える化で短期記憶忘れを防止
1) 交換日を掲示し異常をキャッチ
2) 監督者、作業者の連携強化

③作業の標準化と多能工　人を計画的に育てる。

◇属人化作業を標準化
1) 作業要領書で標準化
2) 作業しやすくカイゼン
3) 計画的な多能工育成

・誰を
・どの作業で
・いつまでに
・どのレベルへ
育成するかを明確にする

第**8**章

《実用編2》
切削加工工程のカイゼン

NC工作機械の問題発見力を鍛える

切削工程の問題をPM分析で客観的に捉える

　金属加工を飛躍的に進歩させた工作機械は、コンピュータを内蔵したNC工作機械へと進化し、劇的に精度向上や生産効率を高めてきました。NC旋盤は、コンピュータ制御が進み、タレットに複数の刃物を取り付け、タレットを回転させることで異なる刃物による連続加工を可能にしました。

　これにより、加工物をチャックに固定したまま、一つの加工が完了した後、次の加工を連続して行うことができます。加工の形状に応じて回転速度や刃物の送り速度などを制御することで自在に加工することができます。

　しかし、この高価なNC加工機を効率よく使いこなすには、

①加工条件に適した加工工程設計や刃物選択

②加工プログラム作成などの切削技術

③設備の保守管理に対する知識、技能

が必要となり、その育成に多くの時間を要します。さらに精度の維持や設備の効果的な運用のために様々な問題解決力が要求されます。

　ここでは、現場指導で経験した横型NC自動旋盤の可動率が低迷していた案件を基にカイゼンを進めた事例を紹介します。まず、事実把握に向け、班長に3日間の設備非稼働時間を項目ごとに分け、データをグラフで整理してもらいました。その結果、「刃具交換および仕上げ面のムシレ不良」が非稼働の主原因と特定されました。いきさつを聴くと、「仕上げ刃具の切れ味低下」の処置として「チップ交換インターバルを半分に短く設定し対応」したとしており、設備停止時間が延び可動率が低くなったことが判明しました。このように設備の問題は、まず「PM分析」による事実を把握することが鉄則となります。

> **PM分析**：不具合の現象のメカニズムを明らかにし、考えられる要因を設備構造、加工方法などすべてリストアップして分析する方法。

第8章 《実用編2》 切削加工工程のカイゼン

「切削工程の可働率改善」PM分析

①設備可動実態の把握

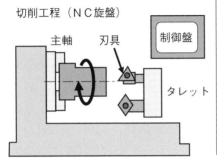

切削工程（NC旋盤）

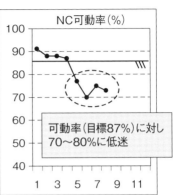

NC可働率（％）

可動率（目標87％）に対し70～80％に低迷

②非稼働要因の洗い出し

【非稼働要因の仕分け】
A：故障
B：段取り、調整
C：刃具交換、補正
D：立上がり
E：空転、チョコ停
F：品質不良
G：定期品質確認

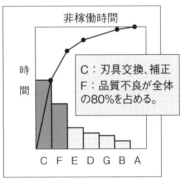

非稼働時間

C：刃具交換、補正
F：品質不良が全体の80％を占める。

③可動率低下原因の特定

仕上げ刃具の切れ味が低下し、仕上げ面ムシレ不良が発生。 → チップ交換インターバルを短く設定、チップ交換で生産対応。

《要点》
・現状状態のデータをグラフで可視化し示す。
・改善に当たる問題をグラフから読み取り、特定する。

「切削条件」を原理原則から見直す

現地現物確認で技術原因を素早くつかむ

　切削加工で望まれることは、加工時間が短く、刃具寿命が長く、そして寸法や表面粗さなどの加工精度が良いことです。それには工作物の材質や硬さなどと工作機械の性能をよく考慮して刃具を決定し効率的な「切削条件」の選定が必要になり、その検証の作業に入ります。①切削速度と②送り速度については、プログラムを見て適正値であることはすぐにわかりました。続いて、③切込み量確認のため班長へ質問しました。

　私：「仕上げ加工の切込み量の狙い値は？」
　班長：「わからないので係長に聞きますので、待ってください。」
　班長：「仕上げ径φ13.5mmに対し、荒加工後はφ13.9mmです。」
　私：「そうすると、切込み量の狙い値はいくらになるかな？」
　班長：「切込み量は0.2mmになります。」と頼もしい限り。さらに質問。
　私：「荒加工が終わったら機械を一時停止して寸法測定しましょう。」

　NC旋盤は、加工中での寸法測定や切り粉処理に使うため通常、プログラム中に「一時停止コード」を仕込ませスイッチを切り替えることで自在に停止できる機能を有しています。その機能を使い再起動、これで荒削りで停止する予定です。しかし、設備は停止することなく、最後の仕上げ加工まで一気に加工。まさかと念のためプログラムを確認すると、「一時停止コード」が入力されていないことが判明しました。応急的に「停止コードM0」を追加し、確認することにしました。測定すると、荒加工の狙い「φ13.9」に対し、「φ14.9」と直径で1.0mm大きい状態となっていました。この状態（φ14.9）から「φ13.5」に仕上げるため、仕上げ加工で0.7mmも切り込む高負荷切削を行っていたことが判明しました。

　これらの調査により、仕上げチップの寿命を著しく短くしていた技術的原因となるメカニズムの検証ができました。

仕上げ刃具短寿命の技術的原因

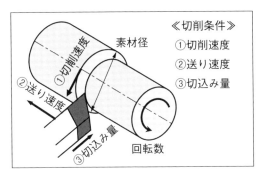

≪切削条件≫
① 切削速度
② 送り速度
③ 切込み量

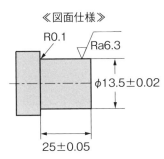

≪図面仕様≫
R0.1　Ra6.3
φ13.5±0.02
25±0.05

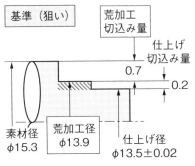

基準（狙い）
荒加工切込み量 0.7
仕上げ切込み量 0.2
素材径 φ15.3
荒加工径 φ13.9
仕上げ径 φ13.5±0.02

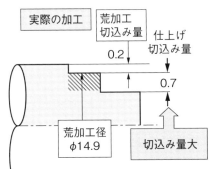

実際の加工
荒加工切込み量 0.2
仕上げ切込み量 0.7
荒加工径 φ14.9
切込み量大

≪メカニズム≫

	基準（狙い）		実　際	
	外径	切込み量	外径	切込み量
素材	φ15.3	片肉 0.7mm	φ15.3	片肉 0.2mm
荒加工	φ13.9		φ14.9	
仕上加工	φ13.5	片肉 0.2mm		片肉 0.7mm

荒加工チップ　仕上げチップ

荒加工径が大となったため、仕上げ加工切込み量が過大、刃具焼けが起き、寿命が短くなった。

≪要点≫
・切削3条件を原点にさかのぼり、検証する。
・原理、原則から不具合メカニズムを解明する力をつける。

現場のできごとが図解で見える

仕事の流れの因果関係から問題点を洗い出す

　さらに、設備の保守履歴を確認したところ、可動率低下と同時期に荒加工のチップホルダのビスの六角穴がつぶれたため、係長がホルダを交換した記録とサンプルが保存されていました。しかし、この時のサンプルも今回測定したものと同じ寸法であり、この時の作業に問題があることが裏付けされました。その他、ヒヤリングなどで明確になったことを「5M1I 調査表」にメモして、これを「時系列事象関連図」にまとめました。

（1）事実の整理：「なぜなぜ分析」5M1I 調査表

5M1I		役割・内容	調査の結果
Man （人）	課長	・工程管理全般	・生産準備報告書で量産可を判断し、別途 QC 工程表を承認。
	係長	・工程設計 ・加工プログラム ・立上げ調整 ・QC 工程図	・2015 年 7 月：NC 旋盤の生産準備、プログラム作成。 ・2016 年 5 月：班長からチップロット変更後、寿命が持たないとの連絡があり、チップメーカーに調査依頼。 ・2016 年 5 月：暫定処置としてチップ交換頻度を 600 個から 300 個に変更指示。
	班長	・チップ交換 ・交換後補正	・日々：生産性、品質などにかかる変更管理。 ・日々：定期的なチップ交換、寸法補正を実施。
	作業者	・品質確認	・日々：仕上げ加工計測により補正入力を実施
Machine （設備）		・NC 旋盤	・2015 年 8 月：量産加工開始。 ・2016 年 5 月：チップホルダ交換（係長）。
Method （方法、標準類）		・作業要領書 ・加工工程図 ・刃物交換手順	・生産準備報告書の荒加工外径に問題はなかった。 ・QC 工程表に荒加工径の指示なし。荒加工はチップ交換のみ（精度が必要ないので）。 ・仕上げ加工のチップ交換＆補正作業の手順書あり。
Material （材料）		・加工材 ・刃物チップ	・2016 年 4 月：チップのロットが変わる。 ・加工材の物性に変化はなかった。 ・ホルダ交換時のサンプルも荒加工径 φ14.9 と大。
Measurement （計測器）		・マイクロメータ	・精度に異常なし。
Information （情報）		・異常報告 ・保守履歴	・課長への異常打上げは一切なし。

第8章 《実用編2》 切削加工工程のカイゼン

(2) 事実の深掘り：「切削加工工程の生産性改善」
≪時系列事象関連図≫

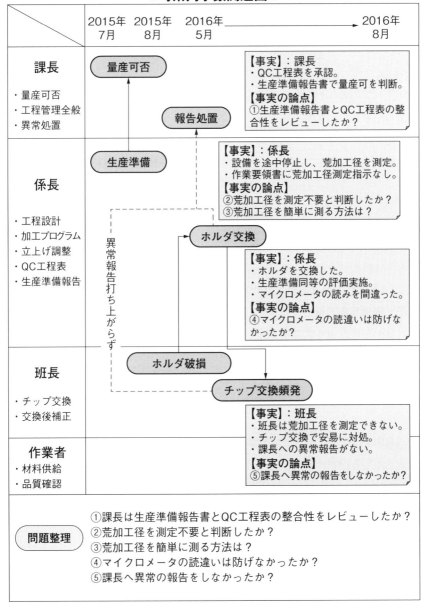

変化を作り込んだ根本原因を切り開く

仕上げチップ寿命低下の大元の荒加工に焦点を当てる

　NC工作機械のような量産設備では、一度のミスで大量に不良が発生したり、設備の生産性を悪化する場合があります。それを防ぐには、刃具交換後の補正入力に伴う人のエラーへの対策に加え、設備やプログラム管理など自動機特有の知識が必要になります。ここでは、NC自動旋盤の「仕上げチップ寿命低下」の直接原因について、「なぜなぜ分析」に入る前の課題整理を事例で解説します。

　(1) 問題の整理：仕上げチップの寿命低下に至った因果関係
　仕上げチップの寿命が大幅に低下したのは、仕上げ加工の「切込み量」が深くなり切削抵抗が増したための発熱であり、その元は「荒加工外径が狙いに対し1.0mm大きく加工されていた」ことと判明しました。

　(2) 問題事象の抽出
　以上の関連性から問題事象は、「荒加工外径が狙いに対し1.0mm大きく加工されていた」こととしました。

　(3) 分析課題の設定：「なぜなぜ分析」で明確にすべき課題
　荒加工外径が狙いより大きく加工された因果関係である次の2点について明らかにすることとしました。
　①荒加工のチップホルダを交換した経緯。
　②荒加工外径が正しく設定できなかった。

不具合現象に至った直接原因の分析

☆NC自動旋盤の仕上げチップ寿命低下の直接原因

(1) 問題の整理 ☆問題発生の流れ(因果関係の整理)

≪問題事象≫ ──────────────→ ≪問題の現象≫

| 荒加工外径が狙いに対し1.0mm大きく加工されていた。 | → | 仕上加工の「切込み量」が深くなり、切削抵抗大、発熱。 | → | 仕上げチップの寿命が大幅に低下。 |

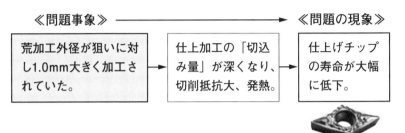

(2) 問題事象の抽出

荒加工外径が狙いに対し1.0mm大きく加工されていた。

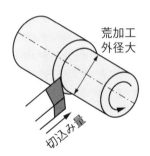

荒加工外径大

切込み量

(3) 分析課題の設定

荒加工外径が狙いより大きく加工された因果関係を解明。
①荒加工のチップホルダを交換した経緯。
②荒加工外径が正しく設定できなかった。
　(保存サンプルから裏付け)

≪要点≫
・主語が事物の場合、客観的事実を多く扱う。
・問題事象の因果関係を正確に捉えると分析しやすくなる。

(4) なぜなぜ分析

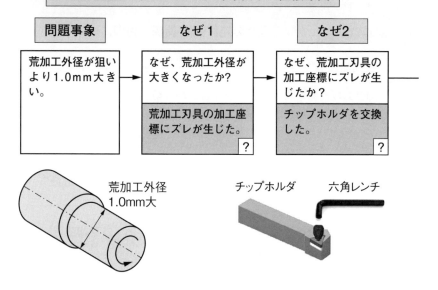

(4) なぜなぜ分析

　製造現場で問題を発生させないためには、製造条件などの4Mの変更を行った時の確認を慎重に行います。

　事例での「最初のなぜ？」は、問題事象の「荒加工外径が狙いより1.0mm大きい」ことの理由を明確にするため、「なぜ、荒加工外径が大きくなったか？」について問うことにしました。その結果は、座標確認結果から「荒加工刃具の加工座標にズレが生じた」と明確になります。

　この事例では主語が事物となるため、特に客観的な事実から明らかにしていきます。

4M：人（Man）、機械（Machine）、材料（Material）、方法（Method）

第8章 《実用編2》 切削加工工程のカイゼン

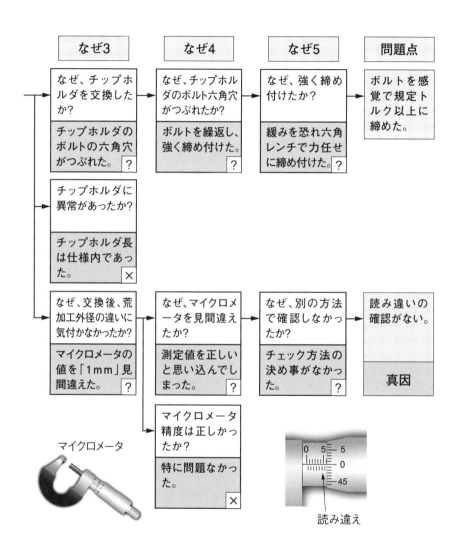

異常を見逃した管理の悪さを追究

異常への感度を上げ、組織で改善する

　NC工作機械では、定期的に刃物チップを交換し補正値を見直したりすることで寸法精度を維持しています。その中で、チップ交換後に「チップホルダ」へねじ固定する際に、使用途中での緩みを心配し締付力を強くする傾向があります。繰返し交換作業する中で、ねじが折れることや六角穴がつぶれ、予備のチップホルダと交換することがあります。

　仕上げ加工の場合は、交換後に精度確認作業と刃物補正値入力を行い、また定期的に精度確認を入れるため、問題となることはありません。しかし今回のように「荒加工」の場合には、加工精度はあまり必要がないため工程設計者の判断で定期的な確認作業を省略することも見受けられます。

　ここでは、このような管理的な要素での分析を行います。

(1) 問題の整理：問題発生の背後要因

　工程の大きな変化点に当たる荒加工のチップホルダ交換後、切削条件が狂った状態でしたが、チップ交換の間隔を短くする一時しのぎが安易に続いていました。その背景には、重要な荒加工外径が日常管理から外れていたことに加え、組織への打上げがされていなかったことが問題が長期に渡った要因と考えます。

(2) 問題事象の抽出

　「仕上げチップ自体に問題がある」との思い込みからチップメーカーへの調査依頼に留まり、組織への打上げをすることなく「荒加工寸法違いの状態で生産を続けた」ことを問題事象として捉えることとしました。

(3) 分析課題の設定：「なぜなぜ分析」で明確にすべき課題

　工程の変化に気付けずに処置が取られなかった次の2点について明らかにすることにしました。

　①加工条件の狙い値が変わったことに気付けなかった管理の方法。

　②チップ寿命の低下などの異常に対する判断の仕方。

第8章 《実用編2》 切削加工工程のカイゼン

未然に防げなかった管理原因の分析

☆NC自動旋盤の仕上げチップ寿命低下(背後要因の整理)

(1) 問題の整理　問題発生の背後要因

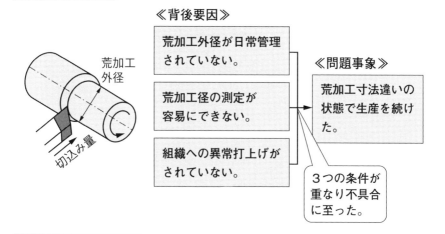

≪背後要因≫
- 荒加工外径が日常管理されていない。
- 荒加工径の測定が容易にできない。
- 組織への異常打上げがされていない。

≪問題事象≫
- 荒加工寸法違いの状態で生産を続けた。

3つの条件が重なり不具合に至った。

(2) 問題事象の抽出　問題整理から明確になった事象

荒加工寸法違いの状態で生産を続けた。

(3) 分析課題の設定　「なぜなぜ分析」で明らかにすべき事項

工程の変化に気付けずに処置が取られなかった。
① 加工条件の狙い値が変わったことに気付けなかった管理方法。
② チップ寿命の低下などの異常に対する判断の仕方。

≪要点≫
- 背後要因を洗い出し、その関連を明確にして分析する。
- 設備の変化点管理で、製造条件の変更を見逃さない。

● 137 ●

(4) なぜなぜ分析

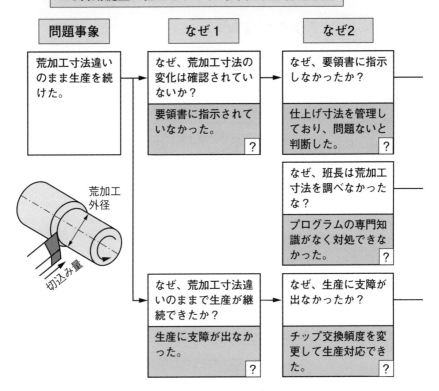

(4) なぜなぜ分析

　生産現場では品質と納期に追われるあまり、日常発生している慢性的な問題が一時的処置のまま継続され、改善が放置され長い間処置されないことがあります。今回の事例にあるように、現場における変化の捉え方（変化点管理）や組織への打上げ（異常打上げ）が徹底できていれば、早急に解決できる場面はたくさんあると思われます。

　管理者はこのような現場の変化に対して、報告を待っているのではなく情報を見えるようにするなど、自ら情報をつかみに行く姿勢が望まれます。

第8章 《実用編2》 切削加工工程のカイゼン

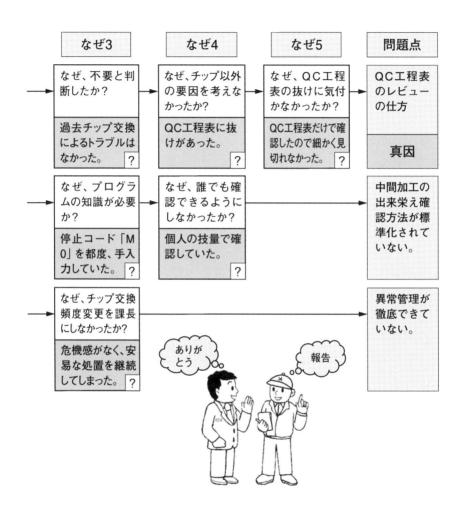

《要点》
・管理者のマネジメント上の問題も洗い出す。
・「やりにくさ、わかりにくさ」要因をさらに掘り下げる。
・工程管理の仕組みに抜けやレベルアップを工夫する。

現場の変化を逃さない管理の押さえ

工程の変化に気付く「目で見る管理」の導入

　流出してしまった品質の問題については、お客様からの強い要求もあり、発生した内容と原因について分析調査され、確実な再発防止が行われています。しかし、今回のような工程内で起きている不具合に対しては、一時的な処置で生産が継続できるため根本原因までさかのぼり再発防止を行っている企業は意外と少ないように思います。安易な暫定対応が形骸化し、さらに生産に余力があると問題は二度と表面化することなく暫定での対応が継続され、当たり前のごとく過ぎてしまいます。

　このような状態が継続されると次第に現場の士気が低下し、異常に対する感度も鈍くなり、よほどのことがない限り情報の打上げは途絶えてしまいます。現場における工程管理は異常に対する感度と迅速な対応が重要で、その実行には管理者の姿勢が重要となります。

　今回の事例にあったように、どこか1カ所でも確実な作業ができておれば、このような事態に陥ることはなかったと推測されます。「荒加工のチップ締付けを規定のトルクで正しく締め付けていたら」、「チップ交換ごとに寸法を確認しておけば」、さらに「QC工程表での項目を事前に現場でしっかりと確認しておけば」……等々、問題が明確になって初めて気付くこととなります。

　個々の要因が重なり「偶然」であるかのように感じますが、そうではなく必然的にいつか必ずや起きることとなります。それを回避するには、それぞれの要因を極力減らす努力が大切となります。

　「要因のあるモノは必ず起きる」を肝に銘じ、事前にその確率を小さくするために現場での継続的な改善が必須となります。工程の変化に素早く気付くためにも、管理者は異常の報告を待つのではなく、現場の「4Mの変化」を管理ボードなどで日々見えるようにし常に関心をもって、その発見に積極的に接していく姿勢が望まれます。

第8章 《実用編2》 切削加工工程のカイゼン

原因と対策:「切削加工工程の生産性改善」

分類	問題点	原因	区分	対策	期日
技術原因	仕上げチップの寿命が短い。	荒加工の切込み量を間違えたため、仕上げチップへの負荷が増大し発熱した。	原因	・荒加工の切込み量を適正値に変更。 ・荒加工寸法を定期確認。	即日
発生原因	計測器の読み違いの確認がない。	チェック方法の決め事がなかった。	真因	・測定機構の異なる2種類の計測器で確認する。 ・マイクロメータ&ノギスの併用。	即日
発生原因	チップ固定ボルトを感覚で規定トルク以上に締めた。	緩みを恐れ、六角レンチで力任せに締め付けた。	処置	・チップ固定作業は専用のトルクレンチにより規定トルク締付を行う。	10/9
管理原因	QC工程表のレビューの仕方。	QC工程表を単独で確認したので、判断が形骸化した。	真因	・生産準備報告書とQC工程表を比較レビューする。 ・管理に抜けが無いか現場で工程確認し判断する。	10/1
管理原因	中間加工の出来栄え確認方法が標準化されていない。	個人の技量で確認していた(属人化)。	処置	・荒加工終了後、一時停止して計測する方法に統一。 ・NCプログラムの標準化と教育訓練を行う。	11/1
管理原因	異常管理が徹底できていない。	危機感が欠如し、安易な処置を継続した。	処置	・異常処置について再教育と訓練を行う。 ・日々の設備停止要因をデータで見える化する。	即日

《要点》
・事後対応から、未然防止に迅速に取り組むことが大切。
・「目で見る管理」の仕組みで管理機能を補強する。

54 NC工作機械の問題からの学び

図面表記のない工程内の管理レベルを高める

　荒加工など図面上現れることのない工程内の管理は、職場の裁量となり今回のような問題に発展するため、その管理レベルを以下の方法で高めることで未然防止につながると判断し、横展開を行うこととしました。

(1) 間違いにくく、気付きやすく

　問題の発端となった荒加工外径での計測器読み間違えミスを防止するには、直読できるデジタル式へ変更が有効的と考えられますが、工場内すべてを交換することはコスト面での障害となります。また、従来式を併用する段階では同じことが予測されるため、計測原理の異なるノギスでのダブルチェックが望ましいと考えます。ミクロン単位の計測はマイクロメータで行い、ノギスで大きな読み違えがないかをダブルチェックで補います。面倒かと思われますが、刃物交換の段取りごとの頻度であり、時間的にも10秒程度であり、ここは確実な作業を実践することを全社統一のルールとして展開しました。

(2) 管理ツールの抜け防止

　工程の日常管理の有効なツールとして「QC工程表」に従い出来栄えの保証を行っています。しかし、今回のような図面表記の項目でない荒加工については、記入抜けが発生しやすく、これをレビューで確実に発見することは難しいと考えます。しかし、機械加工では加工プログラムを作成した後、荒加工終了後に設備をプログラム上で停止させて確認し、狙い値との検証を実施して報告書にまとめています。そこで、レビュー時にこの報告書と「QC工程表」をセットでレビューすることで抜けが防止でき、レビューの方法の変更を展開することとしました。

　また、今回の分析からプログラム作成担当により基本の構成が異なり、確認の仕方やローテーションの障害となることも懸念され、プログラムの標準化にも着手することとしました。

第8章 《実用編2》 切削加工工程のカイゼン

工程の見えない所のミスをカバーする

(1) 間違いにくく、気付きやすく　計測器の読み間違えミスを防止

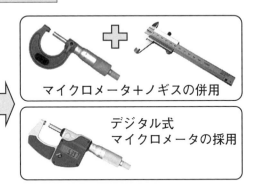

◇読み違えの防止
　①構造違いの計測器で
　　ダブルチェック
　②デジタル式で
　　数値を直読

マイクロメータ+ノギスの併用

デジタル式
マイクロメータの採用

(2) 管理ツールの抜け防止　QC工程表レビューの仕方を工夫し、発見しやすくする。

工程	管理特性		品質特性			頻度
	項目	条件	項目	判定値	測定具	
①外径荒加工	・回転数	○○rpm	外径	φ20.4±0.05	マイクロメータ&ノギス	初品
	・送り速度	○○	長さ	24.8±0.1	ノギス	初品
	・切込み量	0.7mm				
	・刃物交換	1200個				
②外径仕上げ加工	・回転数	○○rpm	外径	φ20±0.02	マイクロメータ	1/100個
	・送り速度	○○	長さ	25±0.05	ノギス	1/100個
	・切込み量	0.2mm	荒さ	Ra6.3	粗さ計	1/100個
	・刃物交換	1200個				1/100個

《要点》
・読み間違いミスを起こしにくく気付きやすく工夫する。
・図面表記項目だけでなく一次加工も見落とさない。

第 9 章

《実用編3》
職場の安全管理
におけるカイゼン

55 職場災害発生における組織的な問題の探求

非定常作業における災害の真因を探る

　人のエラーに起因する職場でのケガなどの災害は、個人の作業結果が引き金となって発生しても、その背景には安全管理に問題があると考えられ、組織的な取り組みが求められています。その中でも非定常な作業は、多様な場面が想定され標準化や訓練の場面も限定されるため、その対応が難しいのも現実です。

《災害発生のいきさつ：金型の予熱用配管を修理中にやけどを受傷》

　管理者Aの担当する樹脂成形金型の予熱用温水配管の修理作業において、やけど災害が発生しました。金型交換後の立上げを短時間で行うため、金型に80℃の温水を循環させ予熱していました。金型や機器は高温となるためやけどの危険性も高いので、安全基準に従い「保護具の着用」や「高温注意の明示」などの万全の措置が取られていました。

　監督者Bは、3月24日朝の現場巡回で温水配管の継ぎ手部分から水漏れする不具合を見つけ、保守担当Cさんに「ワンタッチ継ぎ手」を交換するよう依頼しました。交換作業においては、やけどの危険性を危惧し、予熱機を止め約50℃まで冷えるのを待ち手袋を着用するよう指示しました。装置横に「革手袋」が設置されていましたが、革が硬く作業性が良くないので、Cさんは念のため軍手を二重に着用して作業することにしました。

　そして、温度が52℃に下がったのを確認して継ぎ手を緩めたところ、配管内の残圧で温水が流れ出し軍手に被水しました。多少熱く感じましたが大事に至らないと判断して作業を継続し15分で作業が完了しました。作業終了後、手が赤くなりヒリヒリしたので水道水で冷やし、監督者に事情を報告しました。監督者Bはすぐに病院に行くよう指示をし、「1度の低温やけど」の診断を受けましたが、適切な処置により1週間で完治し大事に至りませんでした。低温やけどは処置を怠ると重度に発展する可能性があります。

第9章 《実用編3》 職場の安全管理におけるカイゼン

金型の予熱用温水循環装置

(1) 金型予熱システム

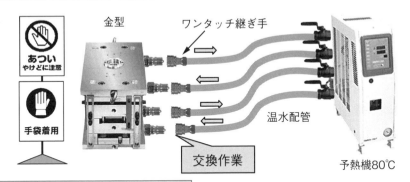

(2) 安全表示、保護具

①やけど注意喚起

55℃を超える
熱源に表示
（金属）

②保護具着用

皮手袋設置

(3) 準備した必要工具、部品類

ワンタッチ継ぎ手	シールテープ	レンチ	手袋

《要点》
・不安全な状態の事実を現地現物から捉える。
・潜在危険の発見力を鍛え、未然防止につなげる。

56 災害を徹底分析し、職場の安全性を高める

災害の直接要因となる「人と設備の関わり」を整理

職場災害の再発を防止するには、人的要因および物的要因にとどまらず、その背景にある管理的要因に踏み込んだ本質的な原因の究明を行い、それに基づく対策を実施する必要があります。

災害は、直接的には「人」と「設備」の両方が関係しており、あるべき姿から逸脱したことから起きるものです。そのため、人の「不安全な行動」と設備などの「不安全な状態」は何であったかを整理し、探すことから始めなければなりません。

それに加えて、「不安全な行動」や「不安全な状態」が起きにくいように管理的な対策が事前に施され万全に機能しているはずであり、これらについてもしっかりとした原因を調べる必要があります。

今回の災害事例を参考に、その原因を捉えてみましょう。

(1) 技術的な原因

指定外の保護具を着用したことや温水がかかったにもかかわらず作業を継続したことが「不安全な行動」に当たります。また、50℃の温水とその温水が残圧により出てしまうことが「不安全な状態」を示します。その結果、低温やけどの受傷に発展しました。

(2) 安全管理の進め方

管理的な仕組みが機能していたかについて第三者的な見方により、以下の検証を行うことになります。

①作業指示は適切に行ったか？
②作業の注意事項に抜けはなかったか？
③作業の規則に対する逸脱行動はなかったか？
④災害リスクは事前に考え、対処できなかったか？
⑤異常が発生時の報告体制面での不備はなかったか？

第9章 《実用編3》 職場の安全管理におけるカイゼン

職場災害に対する原因追求の進め方

(1) 技術的な原因調査　☆低温やけど受傷の経緯を明らかにする

不安全な行動：指定外保護具（軍手二重）／作業を継続（報告なし）

不安全な状態：約50℃の温水／予熱機の残圧

→ 約50℃の温水を長時間にわたり被水 → 低温やけどを受傷

◇低温やけどの原因（医学面）
- 熱源が長時間、皮膚に接触。
- 50℃、3分で受傷が危惧。
- 処置が悪いと重症化する。

◇低温やけどの症状
- 軽度（1度）：ヒリヒリ痛み、薄い赤み
- 中度（2度）：強い痛み、赤み、水ぶくれ
- 重度（3度）：皮膚が壊死、治療2週間

(2) 安全管理の進め方　◇現地現物で検証すべき事項

①作業指示　・作業指示は適切だったか？
②注意事項確認　・保護具着用を現地で確認したか？
③規則の確認　・逸脱行為はなかったか？
④リスクの確認　・災害リスクは事前に考えたか？
⑤異常時の対処　・受傷後の処置や報告は適切か？

《要点》
- 職場災害は作業者の責任ではない。
- 災害リスクに対し現地現物確認で未然に防ぐ。

57 保守作業中のできごとから逸脱事象を解明

災害発生の事実を検証し、影響を及ぼした因子を摘出

(1) 事実の整理

現地現物で検証したことを「5M1I」に沿って事実の整理を行います。特に災害調査に当たっては下記のように、人、設備、方法について重点的に事実を検証し、明らかにします。

(2) 事実の深掘り

洗い出された事実を「時系列事象関連図」で整理し、あるべき姿に対する問題点の摘出を行います。さらに、逸脱行為はどのような背後要因が関与して起きたかを明確にします。

(1) 事実の整理：「なぜなぜ分析」5M1I調査表

5M1I		役割・内容	調査の結果
Man (人)	管理者 A	・設備手配 ・安全管理	・金型予熱機を設置（2014/4/1）。 ・作業に必要な保護具、危険表示を実施。
	監督者 B	・監督業務 ・作業指示 ・教育、訓練	・温水洩れを発見し、保守者Cに交換指示。 ・保護手袋着用を指示。 ・50℃まで冷えてから作業するよう指示。 ・作業立会いはなし。
	保守者 C	・金型段取り ・設備の保守 ・安全作業	・工具類を準備し、保護具として軍手を二重に装着。 ・約50℃を確認して作業を開始。 ・ねじを緩めたら残圧で温水が吐出し軍手に浸透。 ・熱く感じず作業を継続、作業完了後、手を冷す。
Machine (設備)		・設備 ・治具 ・安全装置 ・保護具	・80℃の温水で金型を予熱。 ・保護具として皮手袋を常設（標識の裏面）。 ・空気の混入で残圧が残る（後の調査で判明）。
Method (方法)		・作業要領書 ・教育訓練 ・安全規定	・金型交換の作業要領書、訓練実績あり。 ・非定常な保守作業の手順書はない。 ・55℃以上熱源に危険表示を行う規則あり。

第9章 《実用編3》 職場の安全管理におけるカイゼン

(2) 事実の深掘り:「配管修理中のやけど災害」

≪時系列事象関連図≫

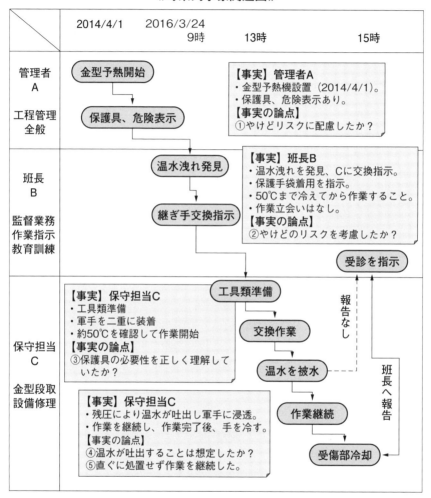

問題整理
①管理者Aは、リスクに配慮したか?
②班長Bは、やけどのリスクを考え作業指示をしたか?
③保守担当Cは、保護具を正しく理解していたか?
④保守担当Cは、温水が吐出することは想定したか?
⑤保守担当Cは、すぐに処置せず作業を継続した。

58 災害発生につながった直接原因の追究

災害を引き起こした真因を「人と設備の両面」から検証

　保守・点検作業などの非定常作業は通常の定常作業に比べて、その作業を行う頻度は多くない反面、作業の内容が多岐にわたる場合が多くなります。その上、監督者や作業担当者が作業内容について熟知していないことで災害に至る可能性が定常作業より高くなります。さらに今回の事例のような突発的な緊急処理の場合は、緊急的要素も加わり災害の危険性がより高くなります。

　頻度の低い非定常作業について細かく作業手順を定めても、それを全て覚えていることは困難ともいえます。そこで、作業を開始する前に、その危険性を予測し、対処を考慮に入れることに重要な意義があります。

　この点を踏まえ、災害発生原因について「なぜなぜ分析」を進めることとします。

(1) 問題の整理：保守担当Cさんが低温やけどの災害を負った因果関係

　Cさんが配管の接手のねじを緩めたことで温水が流出し、手に温水がかかったことで「低温やけど」を受傷したことは明らかです。なぜ、このような災害を負うことになったのかを明確にします。

(2) 問題事象の抽出

　低温やけど受傷の大きな要因となる「保守担当Cさんの手に50℃の温水がかかった」ことを問題事象として分析を行います。

(3) 分析課題の設定

　災害の発生は人と設備の両方が関与しており、

　①不安全な状態：ねじを緩めたら配管から温水が出てきた

　②不安全な行動：軍手装着で手に直接温水を被水した

について分析で明らかにすることにします。

第9章 《実用編3》 職場の安全管理におけるカイゼン

低温やけどが発生した直接面の「なぜなぜ分析」

☆低温やけどを引き起こした直接原因を分析する

(1) 問題の整理　　☆問題発生の流れ（因果関係の整理）

≪問題の背景≫　　　　≪問題事象≫　　　　≪問題の現象≫

| 温水配管の継ぎ手を交換するため、ねじを緩めた。 | 保守担当Cさんの手に50℃の温水がかかった。 | 低温やけどの災害を負った。 |

ワンタッチ継ぎ手　　温水吐出

(2) 問題事象の抽出　　☆問題整理から明確になった事象

保守担当Cさんの手に
　　50℃の温水がかかった。

(3) 分析課題の設定　　☆「なぜなぜ分析」で明らかにすべき事項

手に50℃の温水がかかった因果関係を明確にする。
　①不安全な状態：ねじを緩めたら、配管から温水が出てきた。
　②不安全な行動：軍手装着で手に直接温水を被水した。

≪要点≫
・災害は、直接的には人と設備の両面が関係する。
・規則に沿った仕事を行ったかを検証する。

(4) なぜなぜ分析

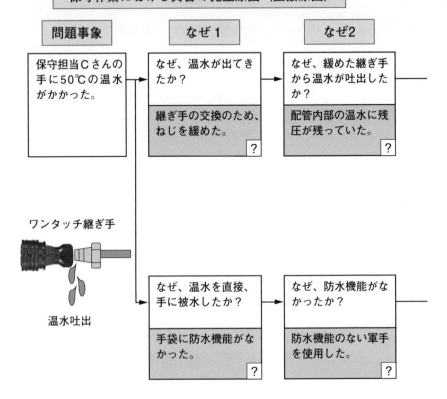

(4) なぜなぜ分析

最初の「なぜ」は、課題設定でも述べた通り「人と設備の両面」からの観点で分岐して分析を行うこととしました。

設備面:「なぜ、温水が出てきたか？」

人の面:「なぜ、温水が直接手に被水したか？」

さらに、「なぜ2」以降の分析を継続し、最終的な問題点を抽出することができました。

第9章 《実用編3》 職場の安全管理におけるカイゼン

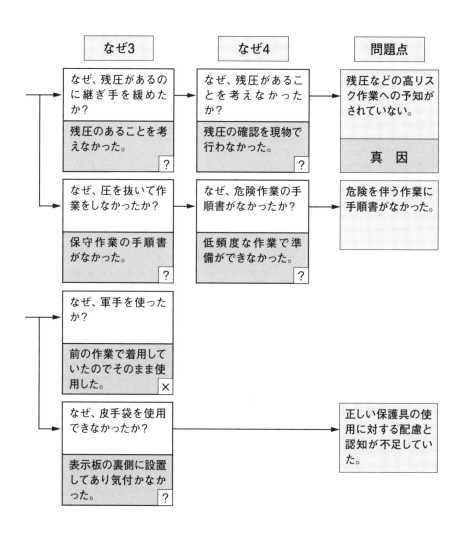

《要点》
・高リスクな作業には細心の注意が必要。
・保護具は常に使える状態か気付ける配慮をする。

59 災害を未然に防げなかった管理原因を追究

未然防止に踏み込んだ本質的な問題を追及する

　安全規則があるからと危険個所への表示板による注意喚起や保護具の指導など表面的な対応策を実施しても、災害の予防につながらないことが多くあります。

　未然防止のつもりで装着した保護具が、その機能を間違えると期待した効果を発揮しないばかりか、逆に災害となる場合もあります。

　50℃の温水が少量手にかかっても、一瞬熱いと感じるかもしれませんが、やけどに発展する危険性は極めて低く、「ヒヤリハット」で終わります。さらに、正しい皮手袋を保護具として着用すれば何ら問題になることもありません。

　今回の職場災害の事例においても、「なぜなぜ分析」を活用し真因の徹底究明を行い、管理の不備に対する真因対策を進めることが未然防止につながります。

　(1) **問題整理**：保守担当Ｃさんが低温やけどの災害を負った因果関係

　災害事例の管理的な面で見ると、保護具として期待した「二重の軍手」を装着したことで、流出した温水が手袋に浸透することになり、さらに作業を継続し患部を冷やさなかったことが不安全な行動要因となり、「低温やけど」を受傷する結果となってしまいました。

　(2) **問題事象の抽出**

　これらを踏まえて「保守作業で低温やけどを受傷した」を問題事象に設定し、真因を追究することにしました。

　(3) **分析課題の設定**

　「低温やけど」を未然に防げなかった管理上の不備と考えられる次の２点を分析で明確にすることにしました。

　①保護具として軍手を二重に装着した。

　②作業を継続したことで冷却が遅れ、やけどを受傷した。

第9章 《実用編3》 職場の安全管理におけるカイゼン

未然に防げなかった管理原因の分析

☆設備の保守作業でやけどを受傷した管理面（背後要因の整理）

(1) 問題の整理　　☆問題発生の背後要因

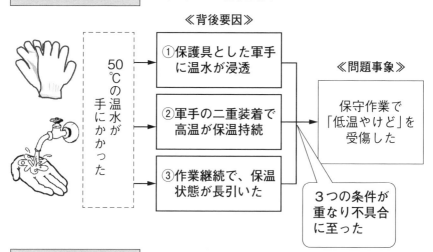

(2) 問題事象の抽出　　☆問題整理から明確になった事象

保守作業で「低温やけど」を受傷した

(3) 分析課題の設定　　☆「なぜなぜ分析」で明らかにすべき事項

「低温やけど」を防げなかった管理上の不備を明確にする
　①保護具として軍手を二重に装着した。
　②作業を継続したことで冷却が遅れた。

《要点》
・高リスク作業に対する感受性を高める。
・異常発生時の報告など、確実な初動の処置を徹底する。

(4) なぜなぜ分析

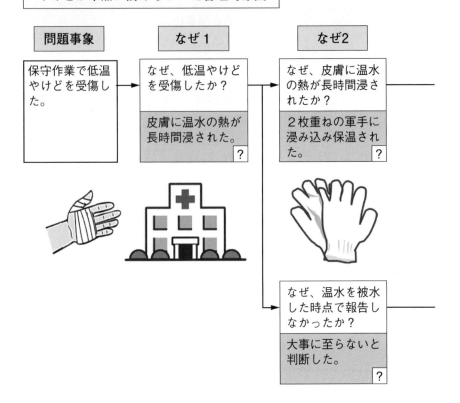

(4) なぜなぜ分析

　管理原因の分析では、低温やけど受傷が回避できなかった間違った保護具の使用、および低温やけどの危険リスクへの感受性が低いことが挙げられました。これらは受傷した当事者の問題ではなく、これを指揮し現場で確認しなかった監督者の指導に問題があったことは言うまでもありません。さらに、このような危険リスクへの感受性に対して、日頃から訓練を計画していなかったことが本質的な問題として捉えることができます。

第9章 《実用編3》 職場の安全管理におけるカイゼン

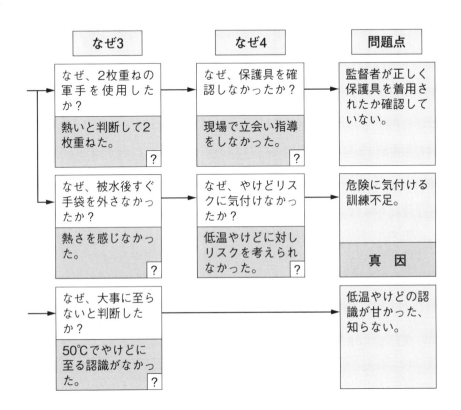

《要点》
・未然に防げなかった管理上の抜けを洗い出す。
・非定常作業は頻度や経験が少なく、危険リスクに
　気付ける力を付けることで危険の回避を行う。
・危険性の高い作業を指示する場合は、現地に出向き
　作業者と相互の確認を実践し、リスク回避に努める。

職場の安全管理のまとめ

安全を先取りし、危険リスクを最小化する

　職場災害の約70％は「正しいやり方を知らなかった」ことにより、結果として「不安全な行動をとってしまった」ことによるものです。管理原因の面では、危険性の高い災害へのリスクに気付けなかったことを猛省し、確実な再発防止を展開する必要があります。

　今回の災害事例の分析では次の3点から「災害リスク」に対する予知が不足していたと判断しました。
①設備の残圧による温水流出を予測していなかった。
②熱源から守る保護具の選択を誤り、やけどへの危険性を高めてしまった。
③低温やけどに対する知識不足で作業を継続し、処置が遅れた。

　非定常な作業に対する危険性については、その作業頻度も少なく対応が多岐にわたることから、個人レベルでの気付きには限度があり、勘違いや知識不足の観点を補うことはできません。監督者と作業者が一体になり現地現物で相互に確認し合い、本質的な危険に気付く能力を付ける訓練が必要と考えます。すなわち、「自分の身は自分で守る」を基本に、危険に対する感受性を高めるため、異常情報収集や訓練を通じて災害リスクへの予知能力を向上する必要があります。

　潜在危険性の高い作業は災害につながる可能性が高くなり、危険リスクを回避するなどの事前策を講ずることが有効な手段となります。管理監督者からの指示や指導に対して「知らなかった」ことの大半は、「伝えていない」「伝わっていない」ことが原因で、「伝えること」を工夫することで作業者の能力を最大限に向上することが可能となります。

　具体的には、危険を予知する訓練や作業者に対する教育において、教えるのではなく質問の仕方を工夫し、考えを引き出し気付かせることが重要となります。

第9章 《実用編3》 職場の安全管理におけるカイゼン

原因と対策：「保守作業での低温やけど」

	問 題 点	原 因	区分	対 策
技術原因	低温やけどを受傷。	適切な保護具を着用していなかった（温度が高い状態で作業した）。	処置	・リスクに配慮した有効な保護具の設置と周知（・40℃以下まで待つ）。
発生原因	残圧などの高リスク作業への予知がされていない。	残圧の確認を現物で行わなかった。	真因	・残圧による危険設備を洗い出し、「残圧あり」を明示。 ・残圧開放弁を設置。
発生原因	危険を伴う作業に手順書がなかった。	低頻度な作業で準備できなかった。	処置	・高リスク作業を選定し、手順書の整備。 ・リスクアセスメントの実施。
発生原因	正しい保護具の使用に対する配慮が不足していた。	表示板の裏側に皮手袋が設置してあり気付けなかった。	処置	・保護具は容易に見える場所に設置と表示を実施。 ・保護具の教育を実施。
管理原因	危険に気付ける訓練が不足。	低温やけどに対しリスクを考えられなかった。	真因	・危険予知訓練により危険感受性を高める。
管理原因	監督者が保護具を正しく着用されたか確認していない。	保護具が必要な作業について現場で立会いをしなかった。	処置	保護具が必要な作業について現地現物での確認を実施。
管理原因	低温やけどの認識が甘かった、知らなかった。	50℃でやけどに至る認識がなかった。	処置	・低温やけどの危険性についての教育実施。

≪要点≫

安全第一

◇安全に対する人間行動エラーの防止
　①危険リスクを回避する。
　　・例）「残圧あり」を明示し、開放弁を付ける。
　②発生確率を下げてリスクを低減する。
　　・例）危険予知訓練で感受性を高める
　③エラーを起こしてもケガに直結するのを避ける
　　・例）正しい保護具を身に付ける。

職場の安全管理におけるカイゼンからの学び

知恵を出し合い、工夫と改善による先取り安全

　発生した職場災害の再発防止にとどまらず、組織力を活用し管理監督者と社員が一体となった未然防止への取り組みが必要不可欠となります。仕事内容も複雑化、多様化する中で、頻度の低い作業に至るまで手順を細かく定めても覚えていることは困難となります。そのためには、本質危険を排除することと並行し、危険への感受性の高い社員に育てる必要があります。

(1) 主体的な未然防止活動

　上司からの一方的な指示、伝達、指導による形式的な対応では進んで行動しようという意欲につながりません。「話し合い、考え合い、分かり合う」というチームの合意から自ら進んで行動するやる気の職場へと成長します。日々の仕事の中に安全活動を積極的に取り入れ、管理監督者が社員との間で日常的に双方向の話合いを活発化させることが災害の未然防止につながります。

(2) 危険予知訓練（KYT）

　KYT活動は、単に危険の解決だけを目的としているのではなく、最終的には安全の先取りとコミュニケーションを深めた「職場風土づくり」を目指すものです。作業を始める前に何が危険かの話合いを短時間ミーティングの中で繰返すことで、安全を先取りする感受性が鋭くなります。作業で特に気を付けなければならない要素作業や動作について本音で話し合うとよいでしょう。

(3) ヒヤリハット現象の吸上げ

　「ヒヤリハット」は、重大な災害には至らないものの直結してもおかしくない一歩手前で「ヒヤリ」とした、「ハット」した体験であり、大きな災害の背景には必ずこの「ヒヤリハット」が存在するといわれています。この「ヒヤリハット」の事例を分析することが災害を未然に防ぐ有効な方法となるため、職場の仲間と共有し、学び合うことが大切になります。この「ハインリッヒの法則」は、どのような仕事にも生かせる実践的な法則といえます。

第9章 《実用編3》 職場の安全管理におけるカイゼン

危険に対する予知能力を高める

(1) 主体的未然防止活動　☆職場を活性化し、主体的に安全を先取りする。

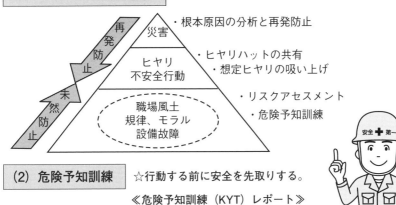

- 根本原因の分析と再発防止
- ヒヤリハットの共有
- 想定ヒヤリの吸い上げ
- リスクアセスメント
- 危険予知訓練

(ピラミッド図：災害／ヒヤリ・不安全行動／職場風土・規律、モラル・設備故障)
再発防止／未然防止

(2) 危険予知訓練　☆行動する前に安全を先取りする。

≪危険予知訓練（KYT）レポート≫

事例	高温設備のメンテナンス作業			
	1R:現状把握 どんな危険がひそんでいるか。	2R:本質追究 危険ポイント	3R:対策樹立 あなたならどうする	4R:目標設定 チーム行動目標
◎	残圧で温水が噴き出し、手袋に浸入する。	やけど	・残圧抜きを行う。 ・防水手袋を着用。	防水手袋を着用して残圧を抜く！ ヨシ！
○	温水が目に入る。	やけど	・電源スイッチ切を行う。 ・メガネの着用。	
○	配管の温度が高い。	やけど	・50℃以下で作業。	

(3) ヒヤリハット現象の吸い上げ　☆ヒヤリ体験から本質危険への先取り

≪ヒヤリハット・想定ヒヤリ報告書≫

いつ	2017年3月29日（水）15：10	問題点 □作業環境 □設備機器 ■作業方法	残圧確認をしなかった。
どこで 誰が	○○部生産○ 保守者C課		
どうして	金型予熱配管の継ぎ手の交換作業で	対策	・「残圧注意」シールで危険表示。 ・残圧抜きバルブの設置。
どうなった	ねじを緩めたら突然、温水が吐出した。	不安全な行動	・残圧を確認せず、ねじを緩めた。 ・防水手袋を装着しなかった。

第 **10** 章

《実用編4》
プログラムにおける
バグのカイゼン

プログラム開発問題に「なぜなぜ分析」を適用

プログラム開発におけるエラーの本質を見極める

　今や自動車、家電、通信機器、試験装置や工作機械、おもちゃに至るほとんどの工業製品がハードとソフトが融合したシステム製品になっていることは言うまでもありません。その中でソフト面は、より複雑化、大規模化に対応するため多くの分業が進み、さらに開発途中での変更も余儀なくされ、負荷も増大する一方、品質的な問題に至る結果となっています。また、その解消に向け多くの人手に頼るところでも大きな問題となっているのも事実です。

　今回設定した事例のプログラムのコーディング（実装）ミスに至る真因を「なぜなぜ分析」で追究します。

課題：「デジタル温度設定プログラムのバグ」

《バグ問題発生のあらすじ》

　A社富山課長の部署は、2016年4月1日にB社から「デジタル温度設定プログラム」の開発依頼を受け、B社より受注することになりました。

◇担当と役割
- 富山課長：全体の推進責任、出荷責任
- 佐藤主任：業務の責任者、仕様書作成
- 山本担当：コーディング、実務経験5年
- 水谷担当：テスト担当、実務経験4年

◇開発方針
- 納期：8月10日（4カ月）
- 2年前に佐藤主任が作成した類似プログラムコードを再利用

　しかし、納入まもなくプログラムエラーで停止する不具合の連絡が入り、富山課長は対策を行うため早急に会議を開催することとなりました。

第10章 《実用編4》 プログラムにおけるバグのカイゼン

温度デバイス設計要求仕様書

＜設計要求仕様＞
下記の全ての温度エリア（条件）で
ユニット出力動作を満足すること
・20℃まで　　　：条件1
・20℃〜100℃　：条件2
・100℃以上　　：条件3

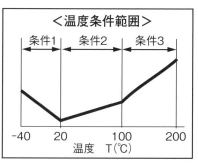

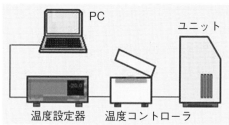

温調デバイスのルーチン内でのパラメータ境界部の処理について、基本モデルを再利用し、変化点を追加

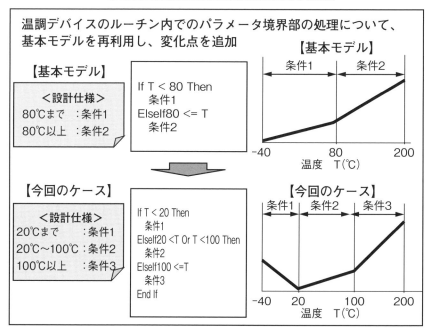

問題発生の背後にある「いきさつ」を整理

エラーに至る事実を聴き取り、検証する

《いきさつ》

4月 5日　富山課長は佐藤主任と共にB社との仕様の打合せを実施。
4月 6日　佐藤主任は山本にプログラム開発を担当するよう指示。
5月15日　佐藤主任は仕様書を予定通り完成、山本へ設計仕様の説明を実施。類似のプログラムコードを再利用するよう指示。その後、佐藤主任は多忙で離席が多い。
8月 3日　山本は自分なりに理解し、全プログラムが完成。佐藤主任に完成を報告（納期1週間前）。
8月 4日　佐藤主任はテスト担当の水谷にテストを依頼。
佐藤：「水谷さんテストをお願いしたいのですが、できそうですか？」
水谷：「納期の近い案件を3件抱えているのですが……」
佐藤：「先回と同じような要領でいいはずだから、頼みます」
水谷：「先回のように3点パラメータテストを実施します」
8月 8日　出荷レビュー。
佐藤：「この前依頼したテストの概要を報告してくれ」
水谷：「はい。延べ150件のテストを実施しました」
佐藤：「それで、テストの結果はどうなった？」
水谷：「全てのテスト結果はOKでした。品質に問題はなかったです」
佐藤：「本当に不具合は1件もなかったの？」
水谷：「はい。確かに0件ですが、何か問題ですか？」
佐藤：「問題がなければいいです」
水谷：「はい。ありがとうございます。報告以上です」
8月10日　富山課長による出荷審査も終わり、B社への納入が完了。
8月12日　プログラムエラーで停止する不具合の連絡。

第10章 《実用編4》 プログラムにおけるバグのカイゼン

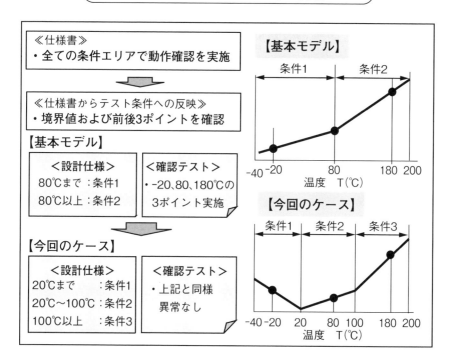

A社のプログラム開発プロセスと役割

工程	作業内容	依頼元 B社	A社　◎：責任者			
			管理	仕様	設計	試験
			富山 課長	佐藤 SN	山本 担当	水谷 担当
受注調整	顧客の要求の確認	◎	◎			
要求分析	実現可能性調査		◎	○		
設計仕様検討	要求から全体構成を規定			◎	○	
設計仕様書作成	ドキュメント作成			◎		
設計レビュー	仕様が要求通りか検証		審議	◎	○	○
プログラム作成	コーディング			◎	○	
実装テスト	実機相当で動作確認			◎		○
出荷前レビュー	要求仕様の検証		◎ 審議	○	○	○

プログラムのバグの技術的原因の検証

プログラムの開発過程で混入するバグの正体をつかむ

(1) 技術的原因を調べ、エラーを特定

プログラムのバグは、「意図した通りにプログラムが動作しない」ことを意味します。その原因は、設計仕様の誤りや誤解釈、コーディング時のミスなど多岐にわたり、その検出に多くの時間が費やされています。できるだけ早い段階で問題を捉えて、後戻りすることのないようにプログラムの高品質の開発を進めなくてはなりません。

プログラムの開発過程で混入する「誤り」の内容は、

①条件比較など文法的な誤り
②計算式の誤りや代入先の変数の誤り
③判断条件の誤り
④分岐先やループ先の誤り

などがあり、エラーコードを特定してそれを明らかにしなければなりません。

(2) コードエラー発生に至る因果関係

今回の事例では、「比較演算記号を重複してしまったコーディング上のミス」であることがわかりました。さらに、このような間違いを発見するための評価テストや出荷のレビューを難なく通過しており、これらも機能していないことも問題として捉えなくてはなりません。

このようなミスが「なぜ起こってしまったのか?」「テストやレビューでなぜ発見できずに見逃したか?」の二点について、その因果関係を解明して真の問題を探る必要があります。

次の節では、このようなミスが起きたいきさつを深掘り分析し、その事実関係から後で行う「なぜなぜ分析」に結びつく「問題事象」と「分析課題」を洗い出していきます。

第10章 《実用編4》 プログラムにおけるバグのカイゼン

プログラムエラーの技術的原因調査

(1) 技術的原因を調べエラーを特定

【調査】・実際に即した模擬データを流す
　　　　・パラメーターを監視しながらコードをステップごとに実行
　　　　・エラーコードを特定

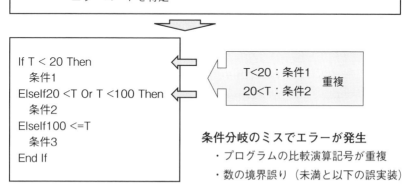

```
If T < 20 Then
    条件1
ElseIf20 <T Or T <100 Then
    条件2
ElseIf100 <=T
    条件3
End If
```

T<20：条件1
20<T：条件2
　　　　重複

条件分岐のミスでエラーが発生
・プログラムの比較演算記号が重複
・数の境界誤り（未満と以下の誤実装）

(2) コードエラー発生に至る因果関係

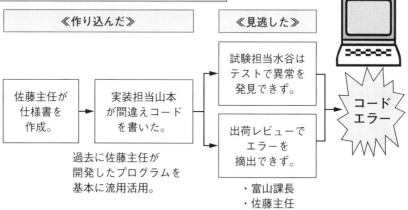

≪作り込んだ≫　　　　≪見逃した≫

佐藤主任が仕様書を作成。 → 実装担当山本が間違えコードを書いた。 → 試験担当水谷はテストで異常を発見できず。 → コードエラー

→ 出荷レビューでエラーを摘出できず。

過去に佐藤主任が開発したプログラムを基本に流用活用。

・富山課長
・佐藤主任

≪要点≫
・コーディング時の誤りについて調査、特定する。
・開発プロセスに着目し、進め方のエラーを明確化する。

ソフト開発からバグ発覚への経緯を掘り下げる

開発プロセスとその役割に沿い事実を掘り下げる

　今回の問題は、どの工程で作り込み、評価テストや節目レビューの工程での見逃しになぜ至ったのかを明確にする必要があります。開発の流れに沿って出来事を「時系列事象関連図」にまとめ、事実からの因果関係を洗い出し、5項目の問題点（論点）の整理に至りました。

　山本がコーディング段階で「比較演算記号」の間違いに至った背景となった可能性のある仕様書の記入の仕方や伝え方、他人の作成したコード流用における変化のとらえ方などについて明らかにする必要があります。

　さらに、評価試験や節目レビューにおいて、設計書を根拠として実施されたか、この関連を意識して「なぜなぜ分析」を行うこととします。

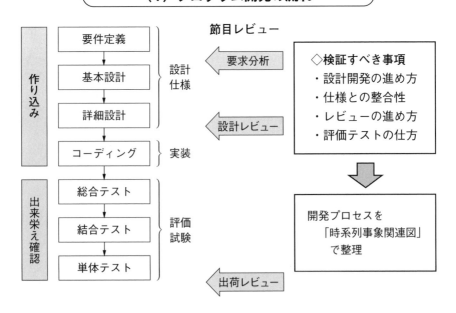

(1) プログラム開発の流れ

第 10 章 《実用編 4》 プログラムにおけるバグのカイゼン

(2) 事実の深掘り：「プログラムのバグ」発生のいきさつ

≪時系列事象関連図≫

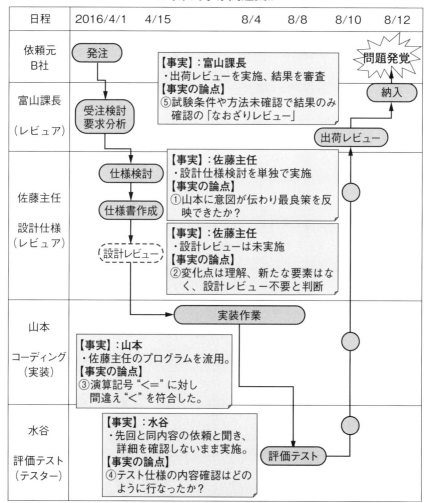

| 論点整理 | ①山本に意図が伝わり、最良策を反映できたか？
②変化点は理解しており新たな要素は少なく、設計レビューは不要と判断。
③演算記号"＜＝"に対し間違え"＜"を符合した。
④テスト仕様の内容確認はどのように行なったか？
⑤試験条件や方法未確認で、結果のみ確認した「なおざりレビュー」。 |

66 プログラムのバグ「作り込み原因」の特定

間違ったプログラムを書いたプロセスに焦点を当てる

　プログラム開発現場では、短納期に加えて急な仕様変更への対応に追われ、それに伴い品質上の問題へと発展する場合も少なくありません。真の原因を見つけられず対処療法的な手を打つことで、その場は乗り切ったものの同じような不具合が発生し、問題が解決できていないことがあります。

　また、仕事の分業化が進み、設計、実装、テストがそれぞれ異なった担当者や組織で行うこととなり、コミュニケーションの悪さから設計意図が後工程に十分伝わらずに問題へと発展しています。

　この点を踏まえて、当事例の「バグ作り込み原因」について「なぜなぜ分析」を進めることとします。

　(1) 問題の整理：試験装置がプログラムエラーで停止した因果関係

　プログラムエラーでシステム停止に至ったのは比較演算記号の間違いであることは技術検証で明らかになっており、なぜ、このような間違いが起きたのかについて明確にする必要があります。

　(2) 問題事象の抽出

　その一要因と考えられるプログラムを再利用している点も視野に入れ、「比較演算記号に間違いのあるプログラムを書いた」を問題事象と設定し、作り込みの「なぜなぜ分析」を進めます。

　(3) 分析課題の設定

　明らかにしなければならない課題は、設計仕様書からコーディング時に間違えの誘引となったと考えられる次の2点について分析を進めることとします。

　①他人の作成したプログラムを再利用した。
　②設計仕様書の受け取り方や判断。

第10章 《実用編4》 プログラムにおけるバグのカイゼン

不具合を作り込んだ原因の分析

☆プログラム間違いを引き起した直接原因を分析する。

(1) 問題の整理　　☆問題発生の流れ(因果関係の整理)

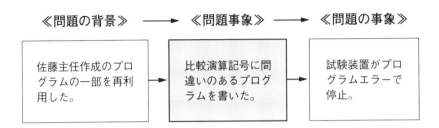

≪問題の背景≫　→　≪問題事象≫　→　≪問題の事象≫

| 佐藤主任作成のプログラムの一部を再利用した。 | 比較演算記号に間違いのあるプログラムを書いた。 | 試験装置がプログラムエラーで停止。 |

(2) 問題事象の抽出

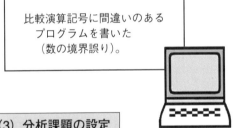

比較演算記号に間違いのあるプログラムを書いた
(数の境界誤り)。

```
If T < 20 Then
    条件1
ElseIf20 <T Or T <100 Then
    条件2
ElseIf100 <=T
    条件3
End If
```

数の境界誤り
（未満と以下の誤実装）

(3) 分析課題の設定

設計仕様書からコーディング時に、間違えの誘引となった
　①他人の作成したプログラムを再利用した
　②設計仕様書の受け取り方や判断
について分析を進める。

≪要点≫
- 問題に至った背景を明らかにし、問題事象を絞り込む。
- 何について分析するのかの方向を明らかにする。

(4) なぜなぜ分析

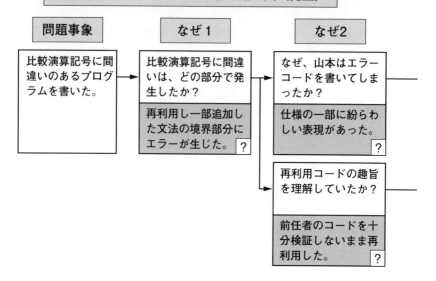

(4) なぜなぜ分析

　この事例の最初の問いである「第1のなぜ？」では、「比較演算記号に間違いはどの部分で発生したか」を明確にすることで、その関連性を明らかにして分析を進めることにします。

　次の第2ステップでは、「境界部分」にエラーコードを書いたことと背景となる再利用に対する記述を明確にして進めて行きます。

　そして分析の結果、次の2項目について問題点が明確となりました。

　①仕様書の書き方の問題：文書表現の多用で、間違いに気付き難かった。
　②他人のコードを再利用：必要な情報を得ないまま進めてしまった。

　特に再利用の問題は、当初からそれを考慮に入れた検討がなされていないことや、今回の事例にあったようにキーマンである佐藤主任の繁忙さも影響していると考えます。

第 10 章 《実用編 4》 プログラムにおけるバグのカイゼン

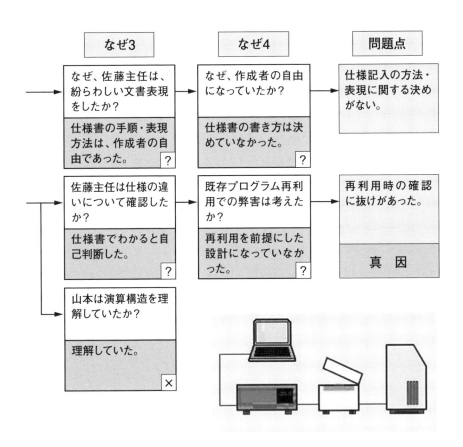

《要点》
・コーディング時に多用する既存プログラムのコピペのミスにより、条件分岐に異常を混入。
・業務の分業化で起きる意思疎通の取り方に注意が必要。

※コピペ：Copy and Paste

バグを見逃した原因の追及（管理原因）

バグが発見できなかった仕組みを検証

　プログラム開発における評価テストおよびレビューでの見逃し観点から、真の原因にたどり着くための方向を明確にして分析に入ります。
　設計仕様の表現の悪さが影響し、結果としてコーディング時にバグを作り込んでしまうことになります。また、自分は正しいとの思い込みからセルフチェックでの「バグ取り」精度は著しく低下することになります。
　(1) **問題の整理**：異常流出につながる背後要因の検証
　テスターによる評価試験や節目に行うレビューに期待したいところではありますが、今回の事例のように両方が機能しない場合に、バグが潜んだプログラムが市場に流出してしまうことになります。
　(2) **問題事象の抽出**
　今回の見逃し原因の事象を、「仕様の条件内で動作しないプログラム異常が、検出できなかった」と設定して「なぜなぜ分析」を行うこととしました。
　(3) **分析課題の設定**：「なぜなぜ分析」で明確にすべき課題
　プログラム異常が発見できず、流出を防げなかった2つの仕組みの不備を明確にします。
　①テスターによる評価試験の方法の欠陥
　②レビュワーによる節目レビューでの進め方の不備
　(4) **なぜなぜ分析**
　最初の「なぜ1」では、「評価テストで摘出できなかった」ことと「レビューで洩らした」ことの2点に分岐し、次のステップである「なぜ2」以下を随時進めます。実際に職場で展開する場合は、同時進行を行わずシートを分けて分析した方が迷わずスムーズな分析につながることがあります。

第 10 章 《実用編 4》 プログラムにおけるバグのカイゼン

未然に防げなかった管理原因の分析

☆評価テスト＆レビューの管理面（背後要因の整理）

(1) 問題の整理　　　見逃し観点の検証

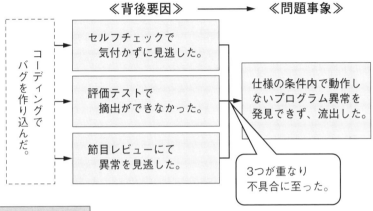

(2) 問題事象の抽出

問題整理から明確になった事象

仕様の条件内で動作しないプログラム異常が
検出できなかった。

(3) 分析課題の設定　　「なぜなぜ分析」で明らかにすべき事項

プログラム異常を防げなかった仕組みの不備を明確にする。
　①テスターによる評価テストの方法
　②レビュワーによる節目レビューでの進め方

《要点》
・エラーを検出する3つの仕組みを検証する。
・未然防止の仕組みが機能しているかプロセスを分析する。

(4) なぜなぜ分析

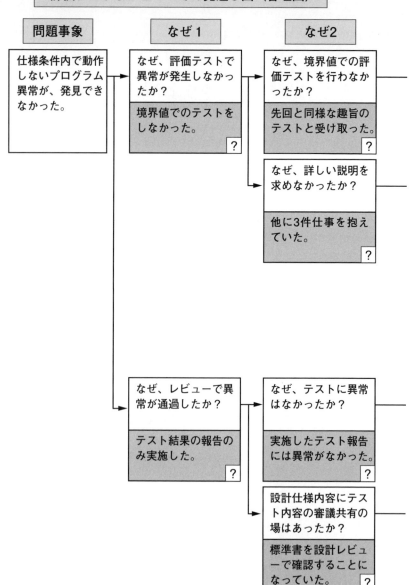

第10章 《実用編4》 プログラムにおけるバグのカイゼン

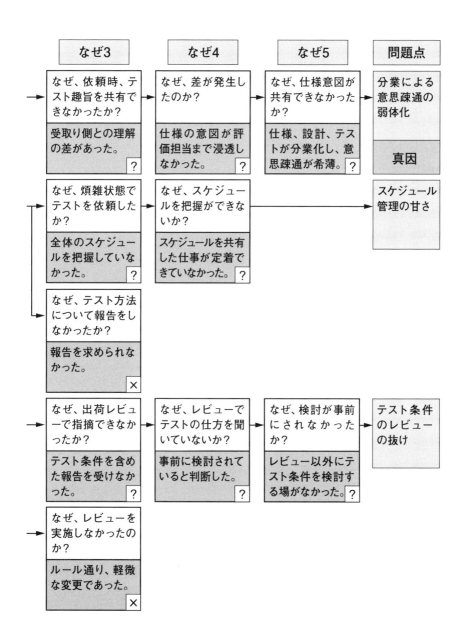

68 プログラムにおけるバグのカイゼンのまとめ

問題の再発防止を導き出し、ミスのない仕事にカイゼン

　プログラム開発での品質、納期、コストに対する市場要求が高まっているものの、作り込み過程で混入されたバグが評価試験やレビューで摘出されないまま出荷されてしまい、市場に出てから不具合が発見されるケースが後を絶ちません。

　このようなプログラム開発の分野の問題においても、「なぜなぜ分析」から摘出した根本原因が特定でき、有効な再発防止を打つことが可能になります。今回の事例からも多くの問題点が洗い出され、それぞれについての有効な対策を取ることになり、その考え方を整理しました。

（1）**発生原因対策のポイント**（設計、実装の作り込みの側面）
①再利用を前提として標準化、共有化の環境を整備する。
②オリジナルや変なこだわりを捨て、わかりやすく、読みやすく記述する。

（2）**管理原因対策のポイント**（テストやレビューでの見逃しの側面）
①設計、実装、テスト相互のコミュニケーションを早い段階で深める。
②レビューは結果の確認でなく、プロセスや根拠について聴き込む。

（3）**意図しないミスの捉え方**（人間行動エラーの側面）
①エラーは人間行動の認知、判断、行動の全過程で起きる可能性がある。
②自分がいったん思い込んだらセルフチェックでは発見が遅い。
③他の人にも気付いてもらえるよう分かりやすい記述に心がける。

　上記で挙がった対策について関係者の総意による理解活動を図り、それらについて計画的なカイゼンが望まれます。

第 10 章 《実用編 4》 プログラムにおけるバグのカイゼン

原因と対策:「プログラムバグのカイゼン」

	問題点	原因	区分	対策
技術原因	プログラムエラーでシステムが停止。	比較演算記号が重複したプログラムを書いた。	処置	正しい比較演算記号のプログラムに修正。
発生原因	他人のコードを十分検証しないまま再利用した。	再利用を前提にした設計になっていなかった。	真因	コード再利用に関する基本的な方針と共有化を行う。 コードレビューの要件化。
発生原因	仕様書の手順・表現方法は作成者の裁量であった。	仕様書の書き方は決めていなかった。	処置	関係者間で表現に対する標準化と活用の徹底。 記述はフローチャートなど論理図解を基本とする。
管理原因	設計仕様、設計開発、評価テスト分業での意思疎通の希薄化。	協業で業務を相互補強できる体制ができていなかった。	真因	設計仕様、設計開発、評価テストの協業体制導入(CE)。
管理原因	テスト条件のレビューの抜け(必要なテスト観点の検討不足)。	個人の経験、裁量にゆだねられていた。	処置	結果だけでなく、根拠(測定方法、環境、条件)に基づくレビューを要件化する。
管理原因	全体のスケジュールを把握していなかった。	スケジュールを共有した計画的な仕事が定着できていなかった。	処置	各人のスケジュール管理と確実な日程調整。

≪要点≫

◇ありがちなプログラム開発時の人間行動エラー
　①認知(認知情報の精度)
　　・例)仕様作成時、設定パラメータ情報が一部抜けた。
　②判断(判断間違いの背景)
　　・例)コピペし、同じと思い込み修正を忘れた。
　③行動(間違った行動背景)
　　・例)変数の間違ったパラメーターを確認せず設定。

69 プログラムにおけるバグのカイゼンからの学び

失敗からの学びを教訓として組織活動へ展開

プログラム開発における欠陥はいろいろな工程において発生していますが、その多くは、設計時点とコーディングの2工程での誤りが関わって起きています。

仕様書への単純な誤記やタイプミスに始まり、実装時点での仕様書の読み違いなど多岐にわたります。さらに、この誤りに対して評価テストやレビューにて多くの摘出が図られてはいますが、そこから洩れた誤りが市場においてある条件下で明らかになり、問題として打ち上がってきています。

今回の事例から学んだことをこのように整理し、教訓として活用し教育などで活かすことは非常に有効なことだと考えます。

(1) バグが入り込みにくいプログラム

誤りを起こしにくく気付きやすいような記述に心がけることにします。

①仕様書は、誤解を招かないよう図解を交え論理的に示す。

②テスターなど他の人からも読みやすいコードに配慮する。

③わかりやすいコメントを付記し、その目的を明確にする。

(2) テストとレビュー体制の強化

レビューの目的は、プロジェクトメンバー間の情報共有による潜在的なエラーを発見することに加え、質の高い設計への提案により人材育成をすることにあります。そのために、仕様の表現やコーディング作業においては、他のメンバーとの理解を高めて共有できるよう可読性を高めた配慮が必要です。

(3) プログラム開発におけるコンカレント活動

「プログラム開発V字型モデル」によって各テストの役割を明確にして、テストと検証の重要性から、「設計仕様・実装・評価テスト」の三業務の協業体制を考慮に入れることが重要となります。そして早い段階から全体計画を立てることで後戻りのない開発が有効となります。

業務プロセスの脆弱部分を補強

(1) バグが入り込みにくいプログラム

①仕様書は、誤解を招かないよう図解を交え論理的に示す。
②テスターなど他の人からも読みやすいコードに配慮する。
③わかりやすいコメントを付記し、目的を明確にする。

(2) テストとレビュー体制の強化

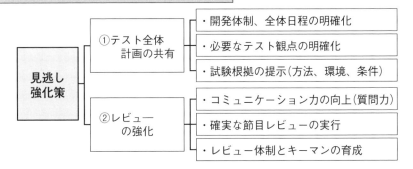

(3) プログラム開発のコンカレント活動

＊CE:コンカレント エンジニアリング
業務プロセスを並行し期間を短縮させる手法

プログラム開発のCE型V字型モデル

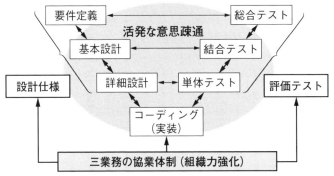

参考文献
原島茂:「コンカレント・エンジニアリングの本」、日刊工業新聞社 (2016)、p.105

≪要点≫
・テストとレビューの進め方を工夫し、異常を見逃さない。
・早い段階での活発な意思疎通が高品質につながる。

---------- 著 者 紹 介 ----------

倉田　義信（くらた　よしのぶ）

三重県出身。1969年、日本電装㈱〔現・㈱デンソー〕に入社。品質保証、検査部門、製造部門を経験し、自動車走行安全事業部門の工場長として従事。その後、北米、中国、メキシコにおける新規ライン立上げに参画し現地社員のOJTを実践。
2008年、㈱デンソー技研センターにて主幹講師として本社・グループ企業の管理監督者に対する人材育成に携わる。
2011年より、くらたマネジメント研究所代表。企業教育、講演会、研修講師、カイゼンコンサルタント活動を展開中。

デンソーから学んだ本当の「なぜなぜ分析」
NDC 509.6

2017年 5 月26日　初版 1 刷発行
2023年10月31日　初版15刷発行

（定価は、カバーに表示してあります）

　©著　　者　　倉　　田　　義　　信
　　発行者　　井　　水　　治　　博
　　発行所　　日　刊　工　業　新　聞　社
　　〒103-8548　東京都中央区日本橋小網町 14-1
　　　　　　　電話　編集部　03（5644）7490
　　　　　　　　　　販売部　03（5644）7403
　　　　　　　　　FAX　　　03（5644）7400
　　　　　　　振替口座　00190-2-186076
　　　　　　URL　https://pub.nikkan.co.jp/
　　　　　　e-mail　info_shuppan@nikkan.tech

　　　　　　印刷・製本　美研プリンティング㈱

2017 Printed in Japan　落丁・乱丁本はお取り替えいたします。
　　　　　　　　　　　ISBN 978-4-526-07713-5
本書の無断複写は、著作権法上での例外を除き、禁じられています。